4

꼿딸영문법

to부정사부터 관계대명사까지 완성

✏️ **고딸 학습진도표**

공부 시작한 날 _____ 년 _____ 월 _____ 일

공부 목표 _____ 년 _____ 월 _____ 일 까지 책 끝내기

📖 영어 기초가 튼튼해지는
[고딸영문법 시리즈]

1권 **기초를 위한 필수 개념 이해**
명사, 인칭대명사, be동사/일반동사, 형용사, 부사

2권 **시제부터 의문문까지 개념 확장**
시제, 조동사(기초), 비교급/최상급, 전치사, 접속사, 의문문

3권 **문장 5형식부터 가정법까지 정복**
문장 5형식, 현재완료시제, 조동사(확장), 수동태, 가정법

4권 **to부정사부터 관계대명사까지 완성**
to부정사, 동명사, 현재분사/과거분사, 관계대명사, 관계부사

✏️ **고딸의 5단계 학습법**

1단계   **<본문>**을 재미있게 읽으면서 영문법을 술술 이해해요.

2단계   **<머리에 콕콕>**과 **<문법 Talk>**으로 핵심을 콕콕 다져요.

3단계   **<매일 10문장>**을 익히며 문법을 활용해요.

4단계   **<복습 TEST>**로 매일 전날 배운 내용을 복습해요.

5단계   **<종합 TEST>**로 나의 실력을 점검해요.

하루에 한 Unit씩 공부하면 **6주 완성**할 수 있어요!

1주차

| _____ 월 _____ 일
Unit 1. | _____ 월 _____ 일
Unit 2. | _____ 월 _____ 일
Unit 3. | _____ 월 _____ 일
Unit 4. | _____ 월 _____ 일
Unit 5. | _____ 월 _____ 일
Unit 6. | 쉬거나
밀린 Unit
공부하기 |

2주차

| _____ 월 _____ 일
Unit 7. | _____ 월 _____ 일
Unit 8. | _____ 월 _____ 일
Unit 9. | _____ 월 _____ 일
Unit 10. | _____ 월 _____ 일
Unit 11. | _____ 월 _____ 일
Unit 12. | 쉬거나
밀린 Unit
공부하기 |

3주차

| _____ 월 _____ 일
Unit 13. | _____ 월 _____ 일
Unit 14. | _____ 월 _____ 일
Unit 15. | _____ 월 _____ 일
Unit 16. | _____ 월 _____ 일
Unit 17. | _____ 월 _____ 일
Unit 18. | 쉬거나
밀린 Unit
공부하기 |

4주차

| _____ 월 _____ 일
Unit 19. | _____ 월 _____ 일
Unit 20. | _____ 월 _____ 일
Unit 21. | _____ 월 _____ 일
Unit 22. | _____ 월 _____ 일
Unit 23. | _____ 월 _____ 일
Unit 24. | 쉬거나
밀린 Unit
공부하기 |

5주차

| _____ 월 _____ 일
Unit 25. | _____ 월 _____ 일
Unit 26. | _____ 월 _____ 일
Unit 27. | _____ 월 _____ 일
Unit 28. | _____ 월 _____ 일
Unit 29. | _____ 월 _____ 일
Unit 30. | 쉬거나
밀린 Unit
공부하기 |

6주차

| _____ 월 _____ 일
Unit 31. | _____ 월 _____ 일
Unit 32. | _____ 월 _____ 일
Unit 33. | _____ 월 _____ 일
Unit 34. | _____ 월 _____ 일
Unit 35. | _____ 월 _____ 일
Unit 36. | 쉬거나
밀린 Unit
공부하기 |

목차

안녕하세요. 고딸입니다.
<고딸영문법 4>를 기다려 주신 독자님들께
진심으로 감사드려요♥

함께 공부해 주신 덕분에 4 권을 끝으로 고딸영문법 시리즈를 완결하게 되었습니다.
시리즈를 완성하기까지 그 과정이 평탄하지만은 않았지만, 블로그와 유튜브에 남겨주신
여러분의 따뜻한 댓글들을 보면서 계속 작업할 수 있었어요. 힘을 주셔서 감사합니다.
여러분의 응원으로 만들어진 책이에요.

고딸영문법 시리즈는 한 번 보고 끝이 아니라 계속 곁에 두고
들춰보고 싶은 책이 되었으면 합니다.

영문법을 딱 한 번만 공부하고 영어를 마스터할 수 있으면 얼마나 좋을까요. 하지만
슬프게도 우리 인간은 망각의 동물! 반복하지 않으면 잊어버리도록 뇌의 회로가 설정되어
있어요. 이광형 카이스트 총장님은 뇌에 기억하는 것은 등산로를 만드는 것과 같다고 해요.
한 번 지나간 길을 수없이 여러 번 지나가야 등산로가 만들어지듯이, 우리의 뇌도 지속적인
반복이 있어야 뇌의 회로가 견고해질 수 있다고 합니다. 영어 공부! 여기서 끝내지 마시고
계속 다양한 문장을 보고 응용하면서 영어의 회로를 원하는 방향으로 만들어가셨으면
해요. 그리고 그 과정에 고딸영문법 시리즈가 함께 하기를 바랍니다.

그동안 함께
공부해 주셔서
감사합니다.

영문법 때문에
영어 절대 포기하지
마세요!

여러분의 꿈을
이루시길
응원해요~

고딸
고등어 집 딸내미

꿀먹보
뉴질랜드 사람, 고딸 남편

스텔라
고딸과 꿀먹보의 딸

<고딸영문법 4>를 소개합니다.

<고딸영문법 4>에서는 본격적으로 **동사의 변신**을 다루고 있어요.
동사가 **동사 칸**에서는 '**~하다**'라는 뜻으로 쓰지만 형태를 변신하면
여러 곳에서 다양한 역할을 할 수 있어요.

동사에 to를 달면 **to부정사**가 되고 동사에 ing를 붙이면 **동명사**가 되어요.
또 형용사처럼 변신하면 **분사**가 되기도 하고요.

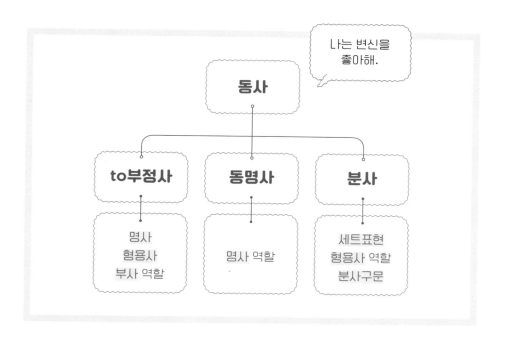

동사의 변신이 너무 다양해서 머리가 아프지만, 또 반대로 생각하면 **동사만 잘 활용**해도
정말 **무궁무진한 문장**을 만들 수 있어요. 예를 들어, 동사 sleep(자다)을 살짝 변형하면
'자는 것, 자기 위해, 자고 있는, 잘'과 같은 표현이 다 가능해져요. 어때요? 재미있겠죠?
<고딸영문법 4>에서 이러한 **동사의 변신**을 즐겨보시기를 바랍니다.

갓딸영문법

to부정사부터 관계대명사까지 완성

1. to부정사의 형태

4권 공부는 to부정사부터 시작해 볼게요.

to부정사
너무 어려울 거
같아요.

걱정하지 마.
생각보다 단순해.

to부정사의 형태는 매우 단순해요.
to 다음에 동사원형을 쓰면 **to부정사**가 됩니다.

> # to부정사: to + 동사원형

다음 문장에서 to부정사를 찾아볼까요?

> ## I like to drink coffee. (나는 커피 마시는 것을 좋아한다.)

문장에서 'to + 동사원형'의 형태로 to drink가 있죠?

> ## I like <u>to drink</u> coffee.

to drink가 바로 **to부정사**입니다.

다음 중 to부정사의 올바른 형태를 고르세요.

I like _____.

① to sings　　② to sang　　③ to sing

to부정사는 'to + 동사원형'의 형태로 써야 합니다. 동사원형은 동사에 아무것도 붙이지 않은
원래 그대로의 형태인데요. ①은 sing 다음에 s가 붙어 있어서 잘못된 표현이고 ②는 sing의
과거형 sang을 썼기 때문에 잘못된 표현이에요. ③만 동사원형으로 올바르게 썼어요. 　정답 ③

2. to부정사를 쓰는 이유

to부정사는 왜 쓸까요?
바로 동사 칸이 아닌 곳에 동사를 한 번 더 쓰기 위해서예요.

우리 3권에서 모든 문장에는 동사 칸이 하나 있다고 공부했었죠? [3권 Unit 1]

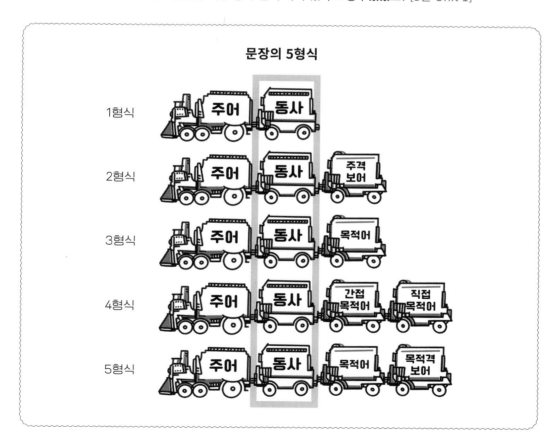

정해진 동사 칸 말고 **다른 곳에 또 동사를 쓰고 싶을 때**
to부정사를 씁니다.
to가 없으면 '동사 칸'의 동사와 구분이 안 되기 때문이에요.

나는 자유로운 영혼이야!!

나한테 to가 붙어 있어.

동사 칸 말고 자유롭게 다른 곳에 탑승할 수 있어.

to부정사

to + 동사원형

to부정사의 특징: to부정사는 동사 칸에 탑승하지 않음

예를 들어볼게요.

I like to read books. (나는 책 읽는 것을 좋아한다.)

주어 다음 동사 칸에는 like(좋아하다)라는 동사가 있어요.
동사 칸이 아닌 다른 곳에 read(읽다)라는
동사를 또 쓰니 **to부정사**로 써야합니다.

I like to read books

주어 동사 목적어

또 다른 예문을 볼게요.

I promised to finish this project. (나는 이 프로젝트를 끝내기로 약속했다.)

문장에서 동사 칸에는 promised(약속했다)라는 동사가 이미 있어요.
동사 칸이 아닌 곳에 finish(끝내다)라는
동사를 쓰기 위해 to부정사 형태로 씁니다.

to부정사가 동사 칸이 아닌 곳에
들어간 것을 확인하세요.

Quiz 2

다음 빈칸에 알맞은 말을 고르세요.

I _____ a shower this morning.

① took   ② to take

'나는 오늘 아침에 샤워했다.'라는 뜻이에요.
동사 칸이 비어있죠? 동사 칸에는 to부정사가 탑승할 수 없어요. '~다'에 해당하는 동사를 씁니다.
오늘 아침(this morning)에 일어난 일로 시제가 과거이기 때문에 take의 과거형 took을 씁니다.

정답 ①

아래 빈칸에는 어떤 말을 써야 할까요?

My goal is _____ others.

(나의 목표는 다른 사람들을 돕는 것이다.)

① help   ② to help

정답은? ②번이에요.

동사 칸에는 이미 is(이다) 동사가 있어요.

동사 칸이 아닌 곳에 help(돕다)라는 동사를 또 쓰니

to부정사 형태로 씁니다.

이처럼 **to부정사는 동사 칸에 타지 않는다**는 것을 기억해두세요.

Quiz 3

다음 빈칸에 알맞은 말을 고르세요.

I want _____ a taxi.

① catch   ② to catch

동사 칸에 이미 동사 want(원하다)가 탑승했어요. 동사 칸이 아닌 곳에 동사를 한 번 더
쓰기 때문에 to부정사로 써야 합니다. '나는 택시 잡기를 원한다.'라는 뜻입니다.

정답 ②

Q. to부정사 이름 자체가 너무 어려워요!

A. to부정사의 '부'는 한자어로 **不(아닐 부)**를 의미해요.
to부정사는 동사 칸에 타지 않기 때문에 **동사 칸의 의무**를 가지지 않아요.

나는 자유로운 영혼!

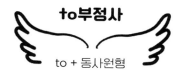

to부정사

to + 동사원형

난 동사 칸의 의무를
지킬 필요가 없어.

동사 칸의 의무는 무엇일까요?

동사 칸에 동사를 쓸 때
주어와 시제에 따라 눈치를 보고 **동사에 s, d** 등을 붙여야 한다고 배웠죠?

1) **She lives in Korea.** (그녀는 한국에 산다.)
2) **She lived in Korea.** (그녀는 한국에 살았다.)

위의 두 문장 모두 주어와 시제에 따라서 **lives, lived**로 다르게 썼죠?
1) **현재시제**이고 주어가 She로 **3인칭 단수**라서 live에 **s**를 붙였어요.
2) **과거시제**이기 때문에 live에 **d**를 붙여서 lived라고 썼어요.

to부정사는 **동사의 의무를 가지지 않고** 주어와 시제의 눈치를 볼 것 없이
그냥 동사원형에 to만 붙이면 됩니다.

She wants to live in Korea. (그녀는 한국에 살기를 원한다.)

to + 동사원형

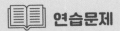 **연습문제**

Unit 1.

머리에 콕콕

다음 <보기>에서 알맞은 말을 골라 빈칸을 완성해 보세요.

보기	개념	특징	예
▪ to ▪ to drink ▪ 동사원형	to부정사 형태	to + ① _____	to sing, ② _____ write
	to부정사 쓰임	'동사 칸'이 아닌 곳에 동사를 쓸 때 사용	I like ③ _____ coffee. (나는 커피 마시는 것을 좋아한다.)

정답 ① 동사원형 ② to ③ to drink

문법 Talk

매일 10문장

[1-5] 다음 <보기>와 같이 to부정사에 밑줄 그으세요.

보기	I want <u>to sleep</u> early.

1. She promised to help me.

2. My dad likes to cook.

3. Her dream is to travel to Italy.

4. He forgot to close the windows.

5. I decided to plant some flowers.

[6-10] 다음 중 올바른 것을 고르세요.

6. I (walked / to walk) with Linda.

7. They planned (build / to build) a house.

8. Jane (goes / to go) to Spanish lessons.

9. She loves (eats / to eat) chocolate.

10. My hope is (be / to be) a police officer.

[단어] 1. **promise** 약속하다 4. **forgot** 잊었다 [**forget** 잊다] **close** 닫다 5. **decide** 결심하다 **plant** 심다
7. **plan** 계획하다 8. **Spanish** 스페인어 **lesson** 수업, 교습 10. **police officer** 경찰관

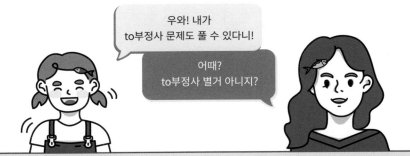

우와! 내가
to부정사 문제도 풀 수 있다니!

어때?
to부정사 별거 아니지?

그렇다면 to부정사는 **동사 칸이 아닌 다른 곳**에서
어떤 역할을 하는 걸까요?

to부정사는 **명사, 형용사, 부사의 역할**을 모두 수행할 수 있어요.

> ## to부정사의 용법
> **1)** **명사적 용법**
> **2)** **형용사적 용법**
> **3)** **부사적 용법**

먼저 명사적 용법부터 살펴볼게요.

1. 명사적 용법의 뜻

to부정사의 **명사적 용법**은
우리말 예로 개념을 잡으면 쉬워져요.

> ## 먹다 → 먹는 것
> 동사　　명사

'먹다'는 '**~다**'로 끝나는 **동사**이죠?
'먹다'에서 '다'를 지우고
'**~하는 것**'을 붙이면 **명사**가 됩니다.

eat ➡ **to eat**
먹다　　　　먹는 것

동사 앞에 to를 붙이면 **to부정사**가 되어서
명사처럼 '**~하는 것, ~하기**'라는 뜻이 돼요.

to부정사 명사적 용법
~하는 것, ~하기

그럼 명사는 원래 어떤 역할을 할까요?
바로 **주어, 목적어, 보어 칸에 탑승**을 하는데요. [3권 Unit 1-3]

주어, 목적어,
보어 칸이요?

응. 문장 열차에서
명사가 탑승객이라고
생각하면 돼.

우리 **명사의 역할**부터 복습을 먼저 해봅시다.

다음 문장에서
명사 Tom이 문장 열차의 어떤 칸에 탔는지 찾아보세요.

1) Tom is a student. (톰은 학생이다.)
2) I like Tom. (나는 톰을 좋아한다.)
3) This is Tom. (이 애는 톰이다.)

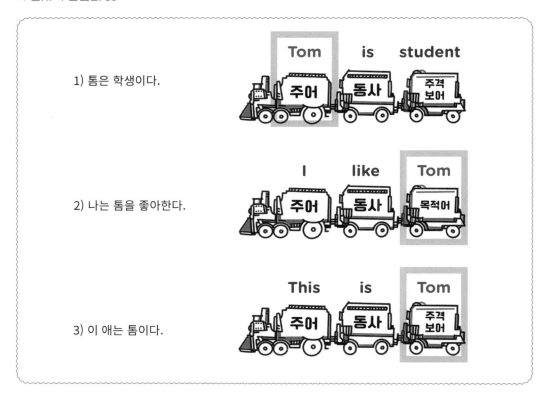

1) **'톰은'**이 **'~은'**으로 해석되며 **주어 칸**에 탔어요.
2) **'톰을'**은 **'~을'**로 해석되며 **목적어 칸**에 탔어요.
3) **'이 애 = 톰'**의 관계가 성립되죠? 명사 톰(Tom)은 주어를 보충해 주는 말로
주격 보어 칸에 탑승했어요.

이처럼 명사는 주어, 목적어, 보어의 칸에 타고
to부정사도 명사처럼 **주어, 목적어, 보어**의 칸에 탈 수 있습니다.

to부정사의 명사적 용법
주어, 목적어, 보어의 칸에 탑승

아하,
명사가 탑승하는
곳에 to부정사가
탑승할 수 있군요.

맞아. 명사처럼
주어, 목적어,
보어의 칸에 탑승!

2. 명사적 용법: 주어

먼저, to부정사가 명사처럼 **주어 역할**을 하는 경우부터 살펴볼게요.

주어는 **'~은/는'**으로 해석되죠?

to부정사가 주어 칸에 탑승하면
'~하는 것은/~하기는'이란 뜻이 됩니다.

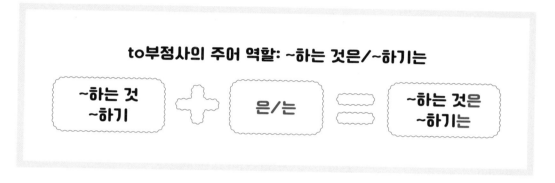

예문을 볼게요.

To travel the world is my dream. (세계를 여행하는 것은 나의 꿈이다.)

주어 칸에 To travel the world가 탑승했고
'~하는 것은'이라고 해석합니다.

주어: To travel the world (세계를 여행하는 것은)

2. 명사적 용법: 주어

여기서 확인해야 할 점이 두 가지 있어요.

To travel the world

첫째, To travel 다음에 the world까지 한 뭉치로 주어 칸에 탑승하죠?
To부터 world까지 통째로 **to부정사구**라고 합니다.

우리는 to부정사가
데려오는 말의 뭉치야~

To travel the world
to부정사구

둘째, to부정사가 주어 칸에 있으면 **3인칭 단수**로 여깁니다.
'~하는 것'은 여러 개가 아니라 **하나의 것**이니까요.

따라서, to부정사가 주어 칸에 탑승했을 때
현재시제에 be동사는
are가 아닌 **is**를 써야 합니다.

To travel the world is my dream. (O)
To travel the world are my dream. (X)

Quiz 1

다음 문장에서 주어 칸에 탑승하는 말에 밑줄 그어 보세요.

To earn money is difficult.

(돈을 버는 것은 어렵다.)

to부정사구가 주어 자리에 탑승했고 해석은 '돈을 버는 것은'입니다.

정답 To earn money

to부정사가 주어 역할을 할 때 반드시 등장하는 용어가 또 있어요.
가주어, 진주어인데요.
이 두 가지의 개념을 살펴볼게요.

먼저 예문에서 주어를 찾아보세요.

To eat good food is important. (좋은 음식을 먹는 것은 중요하다.)

동사 is 앞에 단어들은 모두 to부정사구로
주어 칸에 탑승했어요.

To eat good food is important.
　　　　주어

위의 문장은 문법적으로는 맞지만 실제 생활에서는 잘 쓰지 않아요.
왜?
주어가 길다 보니 동사 칸에 쓰는 동사와 너무 멀어져서
요점을 잡기 힘들기 때문이에요.

따라서, 주어 자리에 **짧은 단어 It**을 먼저 써주고요.
원래 주어 칸에 있던 **to부정사구는 맨 뒤**로 보내 버립니다.

To eat good food is important.
　　It　　⟶

It is important to eat good food.

It은 단순히 짧은 주어가 필요해서 쓴 거죠?
그래서 가짜 주어, **가주어**라고 하고요. **아무런 뜻이 없기** 때문에 해석하지 않습니다.

3. to부정사에서 가주어, 진주어란?

가주어

진주어

It is important <u>to eat good food</u>.

원래 주어 칸에 있던 to부정사구는 맨 뒤로 갔죠?
뒤에 있지만 사실 진짜 주어이니까 **진주어**라고 해요.

가짜 주어는
가주어

진짜 주어는
진주어

Quiz 2

다음 두 문장이 같은 뜻이 되도록 빈칸을 완성하세요.

To play the guitar is fun.

= _____ is fun to play the guitar.

To play the guitar가 너무 길어서 가주어 It을 대신 쓰고 to부정사구는 뒤에 씁니다.
'기타치는 것은 재미있다.'라고 해석합니다.

정답 It

Quiz 3

다음 빈칸에 알맞은 말을 쓰세요.

It is good _____ exercise every day.

(매일 운동하는 것은 좋다.)

It은 가주어입니다. 진주어 '매일 운동하는 것은'에 해당하는 표현은 to부정사구로 씁니다.

정답 to

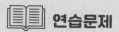

머리에 콕콕

Unit 2.

다음 <보기>에서 알맞은 말을 골라 빈칸을 완성해 보세요.

보기	개념	특징
▪ 진주어 ▪ 명사 ▪ ~하는 것은	to부정사 명사적 용법 1	to부정사가 ①_____처럼 주어, 목적어, 보어 칸에 쓰임
		to부정사의 주어 역할: ②_____ / ~하기는 예) To travel the world is my dream. (세계를 여행하는 것은 나의 꿈이다.)
		가주어: 가짜 주어 → it ③_____: 진짜 주어 → to부정사구 예) It is important to eat good food. (좋은 음식을 먹는 것은 중요하다.)

정답 ① 명사 ② ~하는 것은 ③ 진주어

문법 Talk

100%

엄마, to부정사는 도대체 왜 명사 역할을 하고 싶어 해요?

명사가 되면 혜택이 많거든.

어떤 혜택이요?

명사처럼 주어, 목적어, 보어 칸에 탑승할 수 있어.

to부정사는 욕심이 많네요.

매일 10문장

Unit 2.

[1-3] 가주어, 진주어를 사용하여 다음 문장을 완성하세요.

1. To sleep well is important.

   = _____ is important _____.

2. To go there alone may be dangerous.

   = _____ may be dangerous _____.

3. To find the answers was easy.

   = _____ was easy _____.

[4-6] 다음 빈칸에 알맞은 말을 쓰세요.

4. 너와 이야기하는 것은 즐거웠다.   _____ was fun _____ talk with you.

5. 그것을 믿는 것은 어렵다.   _____ is hard _____ believe that.

6. 그 개념을 이해하는 것은 유용하다.   _____ is useful _____ understand the concept.

[7-10] 다음 우리말에 알맞도록 주어진 단어를 바르게 배열하세요.

7. 다른 사람과 같이 일하는 것은 좋다. (it / good / work with other people / is / to)

   _____

8. 돈을 모으는 것은 쉽지 않다. (isn't / to save money / it / easy)

   _____

9. 그렇게 말하는 것은 무례하다. (rude / it / is / to / say that)

   _____

10. 야채를 먹는 것은 건강에 좋다. (eat vegetables / to / healthy / it / is)

   _____

[단어] 1. **well** 잘 **important** 중요한 2. **alone** 혼자서 **dangerous** 위험한 3. **answer** 정답 5. **hard** 어려운
believe 믿다 6. **useful** 유용한 8. **save** 모으다 9. **rude** 무례한 10. **vegetable** 야채 **healthy** 건강에 좋은

[복습] 다음 빈칸에 알맞은 말을 쓰세요.

1. 나의 아빠는 요리하는 것을 좋아한다.   My dad likes _____ cook.

2. 그들은 집을 짓는 것을 계획했다.   They planned _____ build a house.

3. 나의 희망은 경찰관이 되는 것이다.   My hope is _____ be a police officer.

앞에서 to부정사의 명사적 용법 중 **주어** 역할을 살펴봤죠?
이번 유닛에서는 **목적어와 보어** 역할에 대해 알아볼게요.

1. 명사적 용법: 목적어

to부정사는 때때로 명사처럼 **목적어 칸**에 탑승을 합니다.
목적어는 **'을/를'**로 해석되는 말이죠?
to부정사는 목적어 칸에서 **'~하는 것을/~하기를'**로 해석합니다.

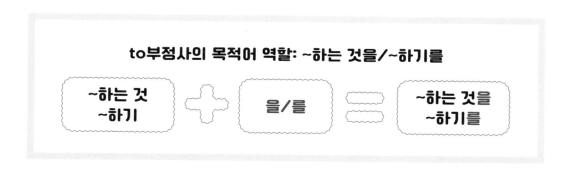

예문을 볼게요.

I like to study alone.
(나는 혼자서 공부하는 것을 좋아한다.)

to study alone이 목적어 칸에 탑승했죠?
통째로 **'~하는 것을/~하기를'**로 해석합니다.

다음 문장에서 목적어 칸에 탑승하는 말에 밑줄 그어 보세요.

We plan to buy a house.

주어(We), 동사(plan), 목적어(to buy a house)의 구조로 to부정사구가 목적어 칸에 들어갑니다.
'우리는 집을 살 것을 계획한다.'라는 뜻이에요.

정답 to buy a house

2. 명사적 용법: 보어

to부정사는 명사처럼 **보어 역할**을 하며
주격 보어와 **목적격 보어** 칸에 탑승할 수 있어요.

---

to부정사의 보어 역할
주어를 보충하면 → 주격 보어
목적어를 보충하면 → 목적격 보어

주어를 보충하면 **주격 보어**이고, **목적어를 보충**하면 **목적격 보어**인데요. [3권 Unit 2, 6]
하나씩 살펴볼게요.

1. 주격 보어

to부정사는 **주격 보어** 칸에서 **주어를 보충 설명**할 수 있어요.

My hobby is to ride a bike. (나의 취미는 자전거를 타는 것이다.)

My hobby와 to ride a bike의 관계를 살펴볼게요.

내 취미 = 자전거 타는 것

이 관계가 성립되죠? to ride a bike가 **주어**를 보충 설명하는 **주격 보어**의 역할을 합니다.

Quiz 2

다음 문장에서 주격 보어 칸에 탑승하는 말에 밑줄 그어 보세요.

His goal is to become a famous singer.

'그의 목표는 유명한 가수가 되는 것이다.'라는 뜻으로
'그의 목표 = 유명한 가수가 되는 것'이 성립합니다.

정답 to become a famous singer

2. 목적격 보어

to부정사는 **목적격 보어** 칸에서 **목적어를 보충 설명**할 수 있어요.

She wants me to cook dinner. (그녀는 내가 저녁 요리하기를 원한다.)

누가 요리하나요? 목적어에 있는 '내가(me)' 요리하죠?

내가 저녁 요리를 하다.

to cook dinner가 목적격 보어 칸에 탑승하며 명사 역할을 합니다. [3권 Unit 6, 7]

다음 문장에서 목적격 보어에 밑줄 그어 보세요.

He allowed me to use his laptop.

(그는 내가 그의 노트북을 쓰는 것을 허락했다.)

'내가 그의 컴퓨터를 사용하다' 목적어와 목적격 보어의 관계가 성립하기 때문에
to use his laptop이 목적격 보어가 됩니다.

정답 to use his laptop

3. 명사적 용법 정리

지금까지 공부한 **명사적 용법**을 한 눈에 정리해볼게요.

> ### to부정사 명사적 용법
> ### 주어: ~하는 것은/~하기는
> ### 목적어: ~하는 것을/~하기를
> ### 보어: 주어, 목적어를 보충 설명

명사적 용법이 헷갈리면
주먹보를 떠올리세요.

주먹
주어/목적어

보
보어

다음 밑줄 친 부분의 역할을 고르세요.

I decided <u>to leave the company</u>.

① 주어   ② 목적어   ③ 목적격 보어

to leave the company는 '회사를 그만두기를'이란 뜻으로 decide의 목적어에 해당합니다.
'나는 회사를 그만 두는 것을 결심했다.'라는 문장입니다.

정답 ②

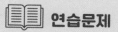
머리에 콕콕

Unit 3.

다음 <보기>에서 알맞은 말을 골라 빈칸을 완성해 보세요.

보기	개념	특징
▪ ~하는 것을 ▪ 목적격 보어 ▪ 주격 보어	to부정사 명사적 용법 2	to부정사의 목적어 역할: ①_____ / ~하기를 예) I like to read books. (나는 책 읽는 것을 좋아한다.) to부정사의 보어 역할: 주어나 목적어를 보충 설명 1) ②_____ : 주어를 보충 설명 예) My hobby is to ride a bike. (나의 취미는 자전거를 타는 것이다.) 2) ③_____ : 목적어를 보충 설명 예) She wants me to cook dinner. (그녀는 내가 저녁을 요리하기 원한다.)

정답 ① ~하는 것을 ② 주격 보어 ③ 목적격 보어

문법 Talk

Unit 3.

매일 10문장

[1-3] 다음 <보기>와 같이 목적어 칸에 들어가는 to부정사구에 밑줄 그어 보세요.

보기	My brother wants <u>to go to the concert</u>.

1. I like to take pictures.

2. She began to teach yoga.

3. I need to talk to you.

[4-7] 다음 밑줄 친 to부정사구가 주격 보어인지, 목적격 보어인지 쓰세요.

4. My advice is <u>to go by train</u>. _____

5. My plan for today is <u>to study</u>. _____

6. He asked me <u>to wash the dishes</u>. _____

7. She told the boy <u>to brush his teeth</u>. _____

[8-10] 다음 우리말에 알맞도록 주어진 단어를 바르게 배열하세요.

8. 그는 그의 일을 그만두기로 결정했다. (to quit his job / he / decided)

   _____

9. 내 꿈은 여배우가 되는 것이다. (is / my dream / to be an actress)

   _____

10. 벤은 저 책상 사는 것을 원하지 않는다. (to buy that desk / Ben / doesn't / want)

   _____

[단어] 1. **take a picture** 사진을 찍다 4. **advice** 조언 **by train** 기차로 6. **wash the dishes** 설거지하다
8. **quit** 그만두다 9. **actress** 여배우

[복습] 다음 빈칸에 알맞은 말을 쓰세요.

1. 잘 자는 것은 중요하다. _____ is important _____ sleep well.

2. 그것을 믿는 것은 어렵다. _____ is hard _____ believe that.

3. 돈을 모으는 것은 쉽지 않다. _____ isn't easy _____ save money.

1. 형용사적 용법의 뜻

to부정사는 명사 역할뿐만 아니라
명사를 꾸며주는 **형용사적** 역할도 합니다.

엄마, 형용사는
뭐였죠?

명사를 꾸미는 말이야.
1권 Unit 21 복습!

to부정사는 **명사 뒤**에서 '**~할**'이란 뜻으로
명사를 꾸며요.

~할

명사 ✚ to부정사

I have a car <u>to sell</u>.
(나는 판매할 차 한 대를 가지고 있다.)

차는 차인데, '**판매할** 차 한 대'로
to sell이 명사 a car를 꾸미고 있죠?
to sell이 명사를 꾸미는 **형용사** 역할을 합니다.

1. 형용사적 용법의 뜻

또 다른 예문을 볼게요.

I have no reason to go there.

(나는 거기에 갈 이유가 없다.)

to go there가 앞에 있는 명사 **reason(이유)**을 꾸미고 있어요.
'**~갈**'이라고 해석되며 **형용사** 역할을 합니다.

Let's buy something to eat.

(먹을 것을 좀 사자.)

to eat이 **something(무언가)**이라는 대명사를 꾸미고 있어요.
'**먹을**'이라고 해석되며 형용사 역할을 합니다.

Quiz 1

다음 괄호 안의 단어를 활용하여 빈칸을 완성하세요.

I have lots of work _____ _____. (do)

(나는 할 일이 많다.)

'할 일'이란 뜻으로 do가 명사 work(일)를 꾸미는 구조입니다.
do에 to를 붙여서 형용사 역할을 합니다.

정답 to do

34

Q. We need a house to live in. 이 문장은 왜 전치사 in 으로 끝나요?

A. 전치사로 끝나는 이유를 알기 위해서는
명사와 **명사를 꾸며주는 to부정사**의 관계를 파악해야 합니다.
예문의 명사 '**집**'과 to부정사의 동사 '**살다**'의 관계를 먼저 살펴볼게요.

> ### 집 + 살다

'집을 살다'는 뭔가 말이 이상하죠? '**집에 살다**'가 말이 됩니다.
'**~에**' 해당하는 **전치사**가 필요해요.

> ### 집에 살다
> **live a house** (X)
> **live in a house** (O)

따라서 '**살 집**'은 **a house to live in**으로
전치사 in까지 써주어야 합니다.

매우 헷갈리죠? 다행히 이렇게 전치사로 끝나는 경우는 많지 않아요.
다음 예문 정도만 이해하고 있어도 됩니다.

> **1) I need a chair to sit on.** (나는 앉을 의자가 필요하다.)
>
> **2) I want a pencil to write with.** (나는 쓸 연필이 필요하다.)
>
> **3) I have some paper to write on.** (나는 쓸 종이가 몇 장 있다.)

1) '의자 + 앉다'의 관계를 생각해 보세요. 의자 위에 앉으니까 **on**(~위에)을 씁니다.
2) '연필 + (글을) 쓰다'의 관계를 보면, 연필을 가지고 글을 쓰니까 **with**(~로)가 필요합니다.
3) '종이 + (글을) 쓰다'의 관계를 보면, 종이 위에 글을 쓰죠? **on**(~위에)을 써야 합니다.

2. 부사적 용법의 뜻

이제 to부정사의 마지막 용법
바로 부사적 용법을 소개할게요.
우리 예전에 부사에 대해 공부했죠? [1 권 Unit 24]

부사: 부연 설명하는 말

부사는 명사만 빼고 다른 것들을 다 꾸미는데요.
to부정사가 바로 그 부사 역할도 합니다.

to부정사 부사 용법
1) 형용사를 꾸밀 때
2) 동사를 꾸밀 때

to부정사가 부사처럼 **형용사나 부사를 꾸미는 경우**를
하나씩 살펴볼게요.

to부정사는 하는
일이 정말 많네요.

자유로운 영혼이라서
하고 싶은 걸 다 해.

3. 부사적 용법: 형용사를 꾸밀 때

to부정사는 부사처럼 **형용사를 꾸미는 역할**을 합니다.

~해서, ~하기에

형용사 ➕ to부정사

to부정사가 형용사를 꾸밀 때
¹⁾ [감정의 이유] ~해서
²⁾ [어떤 측면] ~하기에

첫 번째, **'감정의 이유'**부터 알아볼게요.

형용사가 **happy(행복한), sad(슬픈) 등과 같이 감정**을 나타날 때
to부정사는 형용사 뒤에서 **'감정의 이유'**를 부연 설명해요.

예문을 봅시다.

내가 슬픈 이유는 바로 '그 소식을 들어서'예요.
to hear the news는 형용사 sad(슬픈)에 대한 이유를 부연 설명해 주고 있어요.
이때는 to부정사를 **'~해서'**라고 해석하면 됩니다.

[감정의 이유] **~해서**

다음 문장의 해석을 쓰세요.

I'm happy to see you.

= _____

happy(행복한)와 같이 감정을 나타내는 형용사 뒤에 to부정사는 감정의 이유를 나타냅니다.　　정답 나는 너를 봐서 기쁘다.

다음 밑줄 친 to부정사구가 부연 설명하고 있는 형용사를 찾아 쓰세요.

I'm sorry <u>to hear that</u>. (그것을 들어서 유감이다.)

_____

to부정사구는 감정을 나타내는 형용사 sorry(유감스러운) 뒤에서 유감이라고 생각한 이유를 나타냅니다.　　정답 sorry

두 번째, to부정사가
'어떤 측면'에 대한 부연 설명을 하는 경우를 살펴볼게요.

감정 형용사가 아닌 **일반 형용사**가 뒤에 to부정사를 쓰면요.
어떤 면에서 그렇게 생각하는지에 대해 부연 설명을 할 수 있어요.

예문을 볼게요.

This book is difficult <u>to understand</u>.
(이 책은 이해하기에 어렵다.)

이 책은 이해하기에 어렵다.

This book is difficult <u>to understand</u>.

to understand가 **difficult**란 **형용사** 뒤에 있죠?
'**~하기에**'라고 해석하며 **어떤 측면**에서 어렵다고 생각하는지에 대해
부연 설명을 하고 있어요.

[어떤 측면] **~하기에**

Quiz 4

다음 문장의 해석을 쓰세요.

This bread is easy to make.

= _____

to make가 형용사 easy 뒤에 있죠?
형용사에 대한 부연 설명으로 '~하기에'라고 해석하면 됩니다.　　　　　정답 이 빵은 만들기에 쉽다.

Quiz 5

다음 밑줄 친 to부정사구가 부연 설명하고 있는 형용사를 찾아 쓰세요.

This question is hard <u>to answer</u>. (이 질문은 대답하기에 어렵다.)

_____

to부정사구는 형용사 hard(어려운) 뒤에서
어떤 측면에서 어렵다고 생각하는지에 대해 부연 설명을 합니다.　　　　　정답 hard

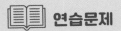

머리에 콕콕

Unit 4.

다음 <보기>에서 알맞은 말을 골라 빈칸을 완성해 보세요.

보기

- ~해서
- ~할
- ~하기에

개념	특징
to부정사 형용사적 용법	명사를 꾸미는 형용사 역할: ①_____ 예) I have a car to sell. (나는 판매할 차 한 대를 가지고 있다.)
to부정사 부사적 용법 1 (형용사 부연 설명)	형용사 감정의 이유 설명: ②_____ 예) I'm sad to hear the news. (나는 그 소식을 들어서 슬프다.)
	일반 형용사의 '어떤 측면'에 대한 부연 설명: ③_____ 예) This book is difficult to understand. (이 책은 이해하기에 어렵다.)

정답 ① ~할 ② ~해서 ③ ~하기에

문법 Talk

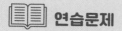

매일 10문장

Unit 4.

[1-3] 다음 <보기>와 같이 밑줄 친 to부정사구가 꾸미는 명사를 찾아 쓰세요.

| 보기 | I need a person <u>to teach me English.</u> | <u>a person</u> |

1. We don't have time <u>to rest</u>. _____

2. He knows a way <u>to save money</u>. _____

3. I don't have anything <u>to wear</u>. _____

[4-6] 다음 밑줄 친 to부정사구가 꾸미는 형용사를 쓰세요.

4. I'm lucky <u>to know you</u>. _____

5. We are ready <u>to leave</u>. _____

6. She was glad <u>to pass the test</u>. _____

[7-10] 다음 밑줄 친 표현에 주의하여 우리말 해석을 쓰세요.

7. I need some friends <u>to help me</u>. [형용사적 용법]

_____

8. This jacket is difficult <u>to wash</u>. [부사적 용법]

_____

9. I want something <u>to drink</u>. [형용사적 용법]

_____

10. I found a good place <u>to shop</u>. [형용사적 용법]

_____

[단어] 1. **rest** 쉬다 2. **way** 방법 4. **lucky** 운이 좋은 5. **ready** 준비된 6. **glad** 기쁜 **pass** 합격하다
8. **difficult** 어려운 **wash** 세탁하다 10. **place** 장소 **shop** 쇼핑하다

Unit 3 복습 TEST

[복습] 주어진 단어를 바르게 배열하세요.

1. 그녀는 요가를 가르치기 시작했다. (began / to / she / teach yoga)

_____

2. 그는 나에게 설거지해달라고 요청했다. (wash the dishes / he / me / to / asked)

_____

3. 나의 조언은 기차를 타고 가라는 것이다. (to / my advice / go by train / is)

_____

우리 앞에서 to부정사가 부사처럼
형용사를 부연 설명하는 역할을 살펴봤죠?

이번 유닛에서는 부사적 용법 중
동사를 부연 설명하는 역할을 알아볼게요.

1. 부사적 용법: 동사를 꾸밀 때 1 [행동의 목적]

to부정사가 동사를 꾸밀 때는
딱 두 가지만 기억하면 됩니다.

> ### to부정사가 동사를 꾸밀 때
> **1) [행동의 목적] ~하기 위해서**
> **2) [결과] ~해서 ~하다**

to부정사는 동사의 **행동의 목적** 또는
동사의 **결과**에 대한 부연 설명을 하는데요.
설명이 어렵게 느껴지죠? 예문을 봐야 쉬워져요.

I went to England.
(나는 영국에 갔어.)

왜 갔어?

I went to England to visit my uncle.
(나는 나의 삼촌을 방문하기 위해서 영국에 갔어.)

나는 나의 삼촌을 방문하기 위해서 영국에 갔다.

I went to England <u>to visit my uncle</u>.

to부정사구 to visit my uncle이
영국에 간 행동에 대한 목적을 부연 설명하죠?
'~하기 위해서'라고 해석합니다.

[행동의 목적] **~하기 위해서**

Quiz 1

다음 문장의 해석을 쓰세요.

1) She studied hard to pass the test.

= _____

2) I bought some flowers to give to my mother.

= _____

to부정사구가 동사의 행동 목적을 설명할 때는 '~하기 위해서'라고 해석을 합니다.
1)에서 to부정사는 공부를 열심히 한 목적을 설명합니다. 2)에서 to부정사는 꽃을 산 이유를 설명합니다.

정답 1) 그녀는 시험에 합격하기 위해서 공부를 열심히 했다. 2) 나는 나의 엄마에게 주기 위해서 꽃을 조금 샀다.

---

2. to와 in order to

to부정사가 **'~하기 위해서'**라는 뜻으로 쓸 때는
in order to와 바꿔 쓸 수 있어요.

~하기 위해서
to 부정사 = in order to 동사원형

2. to와 in order to

예문을 볼게요.

> ### I will go home to do my homework.
> ### I will go home in order to do my homework.
> (나는 숙제하기 위해서 집으로 갈 것이다.)

to부정사와 **in order to** 모두 '**~하기 위해서**'라는 뜻으로
집으로 가는 행동에 대한 **목적**을 부연 설명하고 있어요.

여기서 to와 in order to는 뜻은 같지만
in order to는 주로 **문어체** 또는 목적을 정말 강조하고 싶을 때만 써요.
일상 대화에서는 **to**를 주로 씁니다.

Quiz 2

다음 두 문장이 같은 뜻이 되도록 빈칸에 알맞은 말을 쓰세요.

He got up early to catch the plane.

= He got up early _____ _____ _____ catch the plane.

'그는 비행기를 타기 위해서 일찍 일어났다.' 라는 뜻입니다.
to가 '~하기 위해서'라고 해석될 때는 in order to로 바꿔 쓸 수 있습니다.   정답 in order to

---

Quiz 3

다음 문장의 해석을 쓰세요.

I will save money in order to buy a house.

= _____

in order to는 '~하기 위해서'라는 뜻입니다.   정답 나는 집을 사기 위해서 돈을 모을 것이다.

to부정사가 동사를 부연 설명할 때
무조건 **'~하기 위해서'**라고 해석되면 너무 좋을 텐데요.
그렇게 해석되지 않는 경우가 가끔 발생합니다.

다음 문장을 해석해볼까요?

He woke up <u>to find</u> his room messy.

그는 잠에서 깼어.
그의 방이 지저분하다는 것을 찾기 위해서?
해석이 이상해요~

앞에서 공부한대로
'~하기 위해서'라고 해석하니 어색하죠? 이럴 때는 당황하지 말고
to부정사를 **'~해서 ~하다'**라고 해석해 보세요.

He woke up <u>to find</u> his room messy.

(그는 잠에서 깨고 나서 그의 방이 지저분하다는 것을 알았다.)

잠에서 깼고, 그 결과 방이 지저분하다는 것을 보게 된 상황이에요
'~해서 ~하다'라고 해석되면 to부정사의 **결과** 용법이에요.

[결과] ~해서 ~하다

예문을 볼게요.

He lived <u>to be</u> 100.

to부정사를 어떻게 해석해야 할까요?
만약 to를 '~하기 위해서'라고 해석해서
'그는 100살이 되기 위해 살았다.'라고 하면 매우 어색하죠?

그는 살았고 100세가 되었다. → 그는 100세까지 살았다.

'**~해서 ~하다**'로 to부정사의 **결과 용법**으로 해석해야 자연스러워집니다.

엄마, to부정사
결과 용법 너무
헷갈려요.

걱정 마. 대부분
'목적'으로 써.

다행인 점은 to부정사가 '결과'를 나타내는 경우는 그리 많지 않아요.
주로, 다음과 같은 동사들이 동사 칸에 있을 때 to부정사를 **결과**로 해석합니다.

live(살다) grow up(성장하다) wake up(잠에서 깨다) 등

'살다, 성장하다, 잠에서 깨다'
어떤 의도가 있는 행동이 아니라 모두 **시간의 흐름 속에 자연스레 일어나는 일**이므로
이 동사들 다음에 to부정사를 쓰면 결과로 이해하면 됩니다.

Q. 시험에 to부정사의 목적과 결과를 구분하는 문제가 나왔는데 너무 어려워요.

A. to부정사의 목적과 결과를 구분하는 문제가 시험에 나온다면
다음 두 가지 꿀팁을 적용해 보세요.

꿀팁1) **'~하기 위해서'라고 해석하기**
꿀팁2) **목적을 위한 의도적인 행동인지 확인하기**

먼저, to부정사구를 '목적'으로 해석해 보고
동사 칸의 동사가 그 목적을 위한 행동인지만 확인해보면 됩니다.

예를 들어 볼게요.

He grew up to be a writer.

to부정사구부터 해석을 해봅니다.

to be a writer (작가가 되기 위해서)

그리고 동사 칸의 동사가 '작가가 되기 위해서' **의도를 가지고 행동하는 동사**인지
아닌 지만 확인하면 됩니다.

He grew up 그는 자랐다

'자라는 것'은 구체적인 목표를 위한 의도된 행동이 아니라
시간의 흐름에 따라 자연스럽게 일어나는 일이죠?
따라서, '목적'이 아니라 **'결과'**로 해석하면 됩니다.

그는 자라서 작가가 되었다.

지금까지 공부한 to부정사의 **부사 역할**을 정리해볼게요.

to부정사 부사적 용법

1) 형용사 부연 설명

[감정의 이유] ~해서
[어떤 측면] ~하기에

2) 동사 부연 설명

[행동의 목적] ~하기 위해서
[결과] ~해서 ~하다

헉. 아빠
너무 어려워요.

달달 외우지 말고
문맥에 맞게
자연스럽게 해석해.

to부정사가 부사적 용법으로 쓸 때는
부연 설명으로 문장에 **양념 같은 역할**이므로
없어도 문법적으로 올바른 문장이에요.

그러니 마음 편히 문맥에 맞게 **자연스럽게 해석**하면 됩니다.

형용사 뒤에 to부정사가 나올 때는?
형용사가 감정을 나타내면 **'[감정의 이유] ~해서'**로 해석하고요.
일반 형용사라면 **'[어떤 측면] ~하기에'**라고 해석하면 됩니다.

동사 뒤에 to부정사가 나올 때는?
'[행동의 목적] ~하기 위해서'로 해석을 하면 되고요.
이때 해석이 어색하면 **'[결과] ~해서 ~하다'**로 해석하면 됩니다.

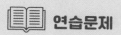

머리에 콕콕

Unit 5.

다음 <보기>에서 알맞은 말을 골라 빈칸을 완성해 보세요.

보기
- ~하기 위해서
- ~해서 ~하다
- 부사적

개념	특징
to부정사의 ① _____ 용법 2 (동사 부연 설명)	동사의 목적 설명: ② _____ (= in order to) 예) I went to England to visit my uncle. (나는 나의 삼촌을 방문하기 위해서 영국에 갔다.)
	동사의 결과 설명: ③ _____ 예) He woke up to find his room messy. (그는 잠에서 깨고 나서 그의 방이 지저분하다는 것을 알았다.)

정답 ① 부사적 ② ~하기 위해서 ③ ~해서 ~하다

문법 Talk

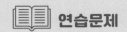 **연습문제**

매일 10문장

Unit 5.

[1-3] 다음 <보기>에서 알맞은 표현을 골라 문장을 완성하세요.

보기	to buy	to take	to ask

1. I called John _____ him some questions.

2. Kevin went to the store _____ some cheese.

3. She left early in order _____ the train.

[4-10] 다음 문장의 우리말 해석을 쓰세요.

4. I woke up to see my cat on the desk.

_____

5. I bought flour to bake bread.

_____

6. The dog jumped to catch the ball.

_____

7. My grandmother lived to be 90.

_____

8. He went back to school in order to find his wallet.

_____

9. She grew up to be a teacher.

_____

10. I'm writing this email to tell you the truth.

_____

[단어] 3. **left** 출발했다 [**leave** 출발하다] 4. **wake up** (잠에서) 깨다 5. **flour** 밀가루 9. **grow up** 자라다 10. **truth** 사실

Unit 4 복습 TEST

[복습] 다음 괄호 안의 단어를 활용하여 빈칸을 완성하세요.

1. 우리는 쉴 시간이 없다.   We don't have time _____ _____. (rest)

2. 나는 너를 알아서 운이 좋다.   I'm lucky _____ _____ you. (know)

3. 나는 마실 것을 원한다.   I want something _____ _____. (drink)

Unit 6. to부정사 Q&A 및 용법 총정리

많은 분들이 to부정사를 공부하면서 궁금해하는 사항을 살펴보고
to부정사의 용법을 모두 정리해볼게요.

1. to부정사 Q&A

질문1) 전치사 to와 to부정사의 차이점은?

전치사 to는 '**~에게, ~에**'라는 뜻으로 **명사**와 함께 씁니다.
to부정사는 동사가 변신한 형태로 to 다음에 **동사원형**을 씁니다.

전치사 to: to + 명사   to부정사: to + 동사원형

다음 중에서 to부정사가 있는 문장은 무엇일까요?

① **I went <u>to school</u>.** (나는 학교에 갔다.)

② **I want <u>to watch</u> this movie.** (나는 이 영화를 보기를 원한다.)

정답은? ②번이에요.

①은 **to** 다음에 school(학교)이라는 **명사**를 썼죠?
여기서 **to**는 '~에, ~로' 방향을 나타내는 **전치사**입니다.

②는 **to** 다음에 watch(보다)라는 **동사원형**을 썼으니 **to부정사**예요.
to부정사구가 want의 목적어 역할을 합니다.

Quiz 1

다음 밑줄 친 to의 역할을 고르세요.

I want <u>to</u> buy a big teddy bear.

① 전치사   ② to부정사

to다음에 동사원형 buy(사다)를 썼기 때문에 to부정사입니다. '나는 큰 곰 인형을 사기를 원
한다.'라는 뜻입니다.

정답 ②

질문2) to부정사를 부정하는 방법은?

to부정사를 부정할 때는
to 앞에 not만 붙이면 됩니다.

낫투!

not to로 쓰게 되면
to부정사의 용법에 따라서
'~하지 않는 것' '~하지 않기 위해서' 등으로 해석이 됩니다.

예문을 볼게요.

I tried not to cry. (나는 울지 않으려고 노력했다.)

'~하지 않으려고' 부정의 의미가 있기 때문에
to부정사 앞에 not을 붙여 줍니다.

Quiz 2	다음 주어진 단어를 바르게 배열하여 문장을 완성하세요.

그는 나에게 오늘 운전하지 말라고 말했다.

He told me _____ today. (to / not / drive)

to부정사를 부정할 때는 to부정사 앞에 not을 붙입니다.　　　　　　　　　　정답 not to drive

질문3) <의문사 + to부정사>의 뜻은?

to부정사를 공부하다 보면
다음과 같이 to부정사가 의문사와 같이 쓰는
경우를 발견하게 됩니다.

I don't know <u>what to do</u>.

위의 문장은 무슨 뜻일까요?

to앞에
what이 있네요?

걱정 마. 의문사 뜻만
살려주면 돼.

당황할 필요 없어요.
to부정사가 의문사와 함께 쓰면 **'(의문사) ~할지'**라고 해석합니다.
what이 '무엇'이란 뜻이니 '무엇을 할지'라고 해석해요.

나는 무엇을 할지를 모른다.

다음 의문사와 to부정사의 뜻을 확인해두세요.

의문사 + to부정사

what to do (무엇을 할지)   **where to go** (어디에 갈지)

when to go (언제 갈지)   **how to go** (어떻게 갈지)

그럼 빈칸에 어떤 말을 쓸까요?

그는 쿠키를 어떻게 만드는지를 배웠다.

He learned _____ _____ **make cookies.**

'어떻게 만드는지'에 해당하는 의문사 how를 써서
'how + to부정사' 형태로 쓰면 됩니다.

He learned how to make cookies.

<table>
<tr><td rowspan="2">Quiz 3</td><td>다음 빈칸에 알맞은 말을 쓰세요.

어디로 가야 할 지를 알려주세요.

Please tell me _____ _____ go.

'어디로 가야 할 지'에 해당하는 표현으로 의문사 where to를 씁니다.   정답 where to</td></tr>
</table>

주의할 점이 하나 있어요.
why to부정사(X) 형태로는 쓰지 않아요!

왜? why는 이유를 물어보는 의문사이죠?
행동의 이유는 단순하지 않기 때문에 why 다음에는 분명하게 **'주어 + 동사'**로 씁니다.

why to go (X)

why I should go (O)

(내가 왜 가야 하는지)

why만 특별하다고 기억하면 됩니다.

질문4) too ~ to는 무슨 뜻?

too는 '너무'라는 부정적인 뜻을 가진 부사인데요.
'too 형용사 to부정사'로 쓰면 **'너무 ~해서 ~할 수 없다'**라는 뜻이 됩니다.

> ## too 형용사 to부정사
> ## ~하기에 너무 ~하다 ➡ 너무 ~해서 ~할 수 없다

예를 들어 볼게요.

> ### It's too late to drink coffee.
> (너무 늦어서 커피를 마실 수 없다.)

too ~ to가 있기 때문에 '너무 ~해서 ~할 수 없다'라는 **부정의 의미**를 가집니다.

또 다른 예문을 볼게요.

> ### It's too cold to go outside.
> (너무 추워서 밖에 나갈 수가 없다.)

too 다음에 형용사를 쓰고 뒤에 to부정사를 쓴 것을 확인하세요.

Quiz 4

다음 빈칸에 알맞든 말을 쓰세요.

이 빵은 너무 오래되어서 먹을 수 없다.
This bread is _____ old _____ eat.

'너무 ~해서 ~할 수 없다'라는 의미로 too 형용사 to부정사 형태로 씁니다.

정답 too, to

질문 5) to부정사 용법을 구분하는 문제의 해결법은?

"일반 회화를 공부하시는 분들은
to부정사 용법 구분 때문에 머리 아프지 않으셨으면 해요."

단, 학교 내신 시험에는 자주 나오니
시험 준비하는 학생들을 위해 to부정사 용법을 한 눈에 정리해 볼게요.

혁. 너무 어려워요 ㅠㅠ

당황하지 말고 해석에 집중!

용법	역할	뜻
명사적 용법	주어	~하는 것은/~하기는
	목적어	~하는 것을/~하기를
	보어	주어, 목적어 보충
형용사적 용법	명사 수식	~할
부사적 용법	형용사 수식	[감정의 이유] ~해서 [어떤 측면] ~하기에
	동사 수식	[행동의 목적] ~하기 위해서 [결과] ~해서 ~하다

외우지 말고 to부정사 문장을 해석하는 연습을 많이 해봐야 합니다.

'**~하는 것/~하기**'라고 해석되면 **명사적 용법**
명사 뒤에서 '**~할**'이라고 해석되면 **형용사적 용법**
나머지는 다 **부사적 용법**이에요.

그럼 용법 구분하는 문제를 같이 풀어볼게요.

I want <u>to watch a movie</u>.

(나는 영화 보기를 원한다.)

'**~하기를**'이라고 해석되죠?
'을/를'에 해당하는
목적어 칸에 탑승했어요.
명사적 용법입니다.

I'm glad <u>to see you</u>.

(나는 너를 봐서 기쁘다.)

형용사 glad(기쁜) 다음에
to부정사가 있어요.

'**~해서**'로 해석이 되죠?
형용사 glad라는 감정의 이유를 설명하는
부사적 용법이에요.

I want some water <u>to drink</u>.

(나는 마실 물이 좀 필요하다.)

명사 water(물) 다음에
to부정사가 있어요.

'**마실 물**'로 '**~할**'이라고 해석하며
명사 water를 꾸며요.
형용사적 용법이에요.

심화학습

Q1. to부정사 용법 문제가 너무 헷갈려요.
형용사 뒤에 to부정사를 쓰면, 형용사를 꾸미는 건 부사이니까 무조건 부사적 용법인가요?

A1. 아니요. **가주어**와 **진주어**도 따져봐야 합니다.

> **1) It was easy <u>to paint the chair</u>.**
> (의자를 페인트 칠하는 것은 쉬웠다.)

1) 문장의 주어를 확인해보세요. **It**이라는 **가주어**가 있고
뒤에 있는 **to부정사구**는 진주어가 되니 **명사적 용법**입니다.

> **2) This question is easy to answer.**
> (그 질문은 답하기에 쉽다.)

주어가 가주어 it이 아니라 This question이죠?
to answer는 형용사 easy 뒤에서 수식하는 **부사적 용법**입니다.

Q2. 동사 뒤에 바로 to부정사가 나오면 무조건 부사적 용법인가요?

A2. 아니요. 동사 칸의 동사가 want(원하다), decide(결심하다) 등과 같이
목적어를 필요로 하는 **타동사**이면 to부정사는 목적어 자리에 쓴 **명사적 용법**이 됩니다.

> **I want to meet you.** (나는 너를 만나기를 원한다.)

to meet you는 '너를 만나기를'이란 뜻으로 목적어로 해석되죠? **명사적 용법**입니다.

반면에 동사 칸의 동사가 자동사이면 to부정사의 부사적 용법입니다.

> **She came to meet you.** (그녀는 너를 만나기 위해서 왔다.)

to부정사가 **'그녀가 온 목적'**을 설명하고 있어요.

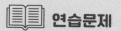

머리에 콕콕

Unit 6.

다음 <보기>에서 알맞은 말을 골라 빈칸을 완성해 보세요.

보기

- 동사원형
- 형용사적
- where to go

개념	특징
전치사와 to부정사의 차이점	전치사 to: to + 명사
	to부정사: to + ①_____
to부정사 부정 형태	not to (~하지 않는 것, ~하지 않기 위해서)
의문사 + to부정사	what to do (무엇을 할지), ②_____ (어디에 갈지) when to go (언제 갈지), how to go (어떻게 갈지)
too 형용사 to부정사	~해서 ~할 수 없다
to부정사의 용법	명사적 용법: ~하기, ~하는 것 ③_____ 용법: ~할 부사적 용법: ~해서, ~하기에, ~하기 위해, ~해서 ~하다

정답 ① 동사원형 ② where to go ③ 형용사적

문법 Talk

고딸영문법4　　　　　　　　100%

to부정사를 부정하는 방법은?

알아요! to부정사 앞에 not을 붙여서 not to라고 해요.

Good! 그럼, too ~ to 해석은?

~해서 ~할 수 없다

Wow, 대단한 걸.

to부정사 공부 끝!

매일 10문장

[1-6] 다음 우리말에 알맞도록 주어진 단어를 바르게 배열하세요.

1. 나는 늦지 않도록 노력할 것이다. (I'll / not to / be late / try)

   _____

2. 나는 미국에 가지 않기로 결정했다. (decided / go to America / not to / I)

   _____

3. 나는 점심으로 뭘 먹어야 할지 모른다. (eat for lunch / what to / I / don't know)

   _____

4. 그녀는 나에게 어디로 가야 할지 말해줬다. (told / me / where to / go / she)

   _____

5. 그 담요는 너무 더러워서 사용할 수 없다. (dirty / to use / too / is / the blanket)

   _____

6. 그 스웨터는 너무 낡아서 입을 수 없다. (the sweater / to / wear / old / too / is)

   _____

[7-10] 다음 밑줄 친 to부정사구의 쓰임을 고르세요.

7. I decided <u>to sell the house</u>.   [명사, 형용사, 부사]

8. I don't have anything <u>to eat</u>.   [명사, 형용사, 부사]

9. She went to the shop <u>to buy milk</u>.   [명사, 형용사, 부사]

10. My plan is <u>to go to France</u>.   [명사, 형용사, 부사]

[단어] 1. **late** 늦은 5. **dirty** 더러운 **blanket** 담요 6. **old** 낡은 7. **sell** 팔다 10. **France** 프랑스

[복습] 다음 빈칸에 알맞은 말을 쓰세요.

1. 그녀는 기차를 타기 위해 일찍 떠났다. (left early / she / take the train / in order to)

   _____

2. 그녀는 자라서 교사가 되었다. (to be / a teacher / grew up / she)

   _____

3. 나는 빵을 굽기 위해 밀가루를 샀다. (to / bought flour / I / bake bread)

   _____

A. 다음 문제를 풀어 보세요.

[1-2] 다음 중 빈칸에 들어갈 수 있는 것을 고르세요.

1

He asked me _____ the dishes.

① wash   ② to wash

③ to washed   ④ washed

2

I _____ English.

① study   ② to study

③ to studied   ④ to studying

[3-5] 다음 밑줄 친 to부정사구의 쓰임을 고르세요.

3

I want <u>to buy a house</u>.

① 명사   ② 형용사   ③ 부사

4

I'm happy <u>to see you</u>.

① 명사   ② 형용사   ③ 부사

5

I have some books <u>to sell</u>.

① 명사   ② 형용사   ③ 부사

6 다음 중 밑줄 친 부분을 in order to로 바꿀 수 있는 것을 고르세요.

① I love <u>to</u> learn French.

② My dream is <u>to</u> be a singer.

③ I was glad <u>to</u> travel with you.

④ I went to the shop <u>to</u> buy milk.

[7-8] 다음 빈칸에 알맞은 말을 쓰세요.

7 너와 이야기하는 것은 즐거웠다.

It was fun _____ talk with you.

8 이 전화기는 너무 오래되어서 사용할 수 없다.

This phone is _____ old _____ use.

[9-10] 다음 중 올바른 것을 고르세요.

9 우리는 캐나다에 가지 않기로 결심했다.

We decided (not to / to not) go to Canada.

10 그녀는 나에게 어디로 가야 할 지 말했다.

She told me (to where / where to) go.

B. 주어진 단어를 바르게 배열하여 문장을 완성하세요.

1 그녀는 초콜릿 먹는 것을 매우 좋아한다. (loves / she / to / eat chocolate)

   _____

2 나의 꿈은 의사가 되는 것이다. (my dream / to / is / be a doctor)

   _____

3 나는 그 소식을 들어서 슬프다. (sad / I'm / hear the news / to)

   _____

4 우리는 출발할 준비가 되었다. (are / ready / to / leave / we)

   _____

5 나는 콘서트를 보기 위해 서울에 갔다. (went to Seoul / I / to / see the concert)

   _____

C. 다음 문장의 우리말 해석을 쓰고 밑줄 친 to부정사구의 용법을 고르세요.

1 I like <u>to take pictures</u>.

   _____ [명사, 형용사, 부사]

2 I have lots of work <u>to do</u>.

   _____ [명사, 형용사, 부사]

3 This book is difficult <u>to understand</u>.

   _____ [명사, 형용사, 부사]

4 I jumped <u>to catch the ball</u>.

   _____ [명사, 형용사, 부사]

5 He grew up <u>to be a teacher</u>.

   _____ [명사, 형용사, 부사]

1. 동명사의 형태와 뜻

동명사는 뭘까요?
동사원형에 ing를 붙인 형태로
명사 역할을 하는 것을 동명사라고 합니다.

동명사: 동사원형에 ing 붙이고 명사 역할

다음 동사와 동명사를 비교해 볼게요.

동사	동명사
1) **walk** (걷다) →	**walking** (걷기)
2) **read** (읽다) →	**reading** (읽기)

동사는 '**~하다**'로 끝나지만
동명사는 동사원형에 ing를 붙이고
명사처럼 '**~하는 것/~하기**'라고 해석합니다.

뭔가 to부정사와
비슷하네요?

to부정사보다
훨씬 간단해.

동명사와 to부정사 둘 다 동사 칸에 타지 않는다는 점은 같아요.
단, **to부정사는 명사, 형용사, 부사** 역할을 모두 할 수 있지만,
동명사는 딱 **명사** 역할만 합니다.

---

to부정사: 명사, 형용사, 부사 역할
동명사: 명사 역할

동명사는 명사 역할을 하며
주어, 목적어, 주격 보어의 칸에 탑승할 수 있어요.
쓰임을 하나씩 살펴볼게요.

1. 주어 칸에 쓰는 동명사

주어는 '**~은/는**'으로 끝나는 말이죠? 동명사가 주어 칸에 타면
'**~하는 것은/~하기는**'이란 뜻이 됩니다.

예를 들어 볼게요.

Swimming is good for your health.
〔수영하는 것은 너의 건강에 좋다.〕

'**수영하는 것은**'은 문장 맨 앞에 쓰고 '**~은**'으로 해석되기 때문에 주어입니다.

여기에서 주의할 점이 있어요.
to부정사처럼 동명사가 주어이면
'**~하는 것은**'을 한 덩어리로 보고 **3인칭 단수** 취급합니다.
위의 예문은 현재시제이기 때문에 be동사는 is를 써야 해요.

Swimming are good for your health. (X)
Swimming is good for your health. (O)

Quiz 1

다음 빈칸에 알맞은 말을 고르세요.

_____ **is fun.** 〔빵을 굽는 것은 재미있다.〕

① Bake ② Baking

주어의 자리에 동사를 쓸 때는 동사원형으로 쓰지 못하고 형태를 바꿔야 합니다.
동사가 명사 역할을 하는 동명사 Baking을 씁니다.

정답 ②

2. 목적어 칸에 쓰는 동명사

목적어는 **'~을/를'**로 끝나는 말이죠?
동명사가 목적어 칸에 탑승하면 **'~하는 것을'**이라는 뜻이 됩니다.

I like playing soccer.

(나는 축구하는 것을 좋아한다.)

playing soccer는 '축구하는 것을'이라는 뜻으로
목적어 칸에 들어가요.

soccer는 playing에 따라오는 말이니
playing soccer 통째로 **동명사구**라고 합니다.

동명사구: 동명사가 이끄는 말의 뭉치

다음 밑줄 친 동명사구의 역할이 무엇인지 고르세요.

I enjoy watching movies.

① 주어   ② 목적어

'나는 영화 보는 것을 즐긴다.'라는 뜻으로 동명사구는 '~하는 것을'에 해당하므로 목적어입니다.   정답 ②

3. 주격 보어 칸에 쓰는 동명사

주격 보어는 주어를 보충하는 **말**입니다.

My hobby is singing.

(나의 취미는 노래 부르는 것이다.)

나의 취미 = 노래 부르기

singing이 주어 my hobby에 대한 보충 설명을 하며 **주격 보어** 칸에 탑승했어요.

Quiz 3

다음 밑줄 친 동명사구의 역할이 무엇인지 고르세요.

1) <u>Making kites</u> is fun.

① 주어   ② 목적어   ③ 주격 보어

2) My job is <u>selling furniture</u>.

① 주어   ② 목적어   ③ 주격 보어

1) '연을 만드는 것은 재미있다.'라는 뜻으로 '~하는 것은'에 해당하니 주어입니다.
2) '나의 직업은 가구를 파는 것이다'라는 뜻으로 '나의 직업 = 가구를 팔기'의 관계가
성립하니 주격 보어입니다.

정답 1) ① 2) ③

3. 동명사와 to부정사의 공통점

지금까지 동명사의 명사 역할을 공부했는데요.
to부정사와 동명사 둘 다 **명사 역할**을 하기 때문에
서로 바꿔서 써도 되는 경우가 있어요.

I love to cook. = I love cooking.

(나는 요리하는 것을 매우 좋아한다.)

목적어 칸에 **to부정사** to cook을 써도 되고
동명사 cooking을 써도 같은 뜻이에요.

자, 그럼 이제 의문점이 하나 생깁니다.

to부정사가 명사
역할까지 다 하는데

굳이 왜 동명사가
있어야 하나요?

궁금해요!

to부정사와 동명사의 **명사 역할이 100% 같지는 않아요.**
완전 똑같으면 동명사가 존재할 필요도 없겠죠?
다음 유닛에서 둘의 차이점을 알아볼게요.

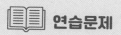

머리에 콕콕

Unit 8.

다음 <보기>에서 알맞은 말을 골라 빈칸을 완성해 보세요.

보기
- 명사
- reading
- 동사원형

개념	특징	예
동명사 형태	①_____ ing	walking(걷기), ②_____(읽기)
동명사 쓰임	③_____처럼 '~하기 / ~하는 것'이라는 뜻으로 주어, 목적어, 주격 보어 칸에 탑승	My hobby is singing. (나의 취미는 노래 부르는 것이다.)

정답 ① 동사원형 ② reading ③ 명사

문법 Talk

고딸영문법4 100%

> 엄마, 동명사는 또 뭐예요? 엉엉

> 동사원형에 ing를 붙이고 명사 역할을 하는 게 동명사야.

> 힝 ㅠㅠㅠ 동명사도 to부정사처럼 외워야 할 게 많아요?

> 아니! 동명사는 간단하게 명사 역할만 해.

> 휴~ 다행이에요.

Unit 8.

매일 10문장

[1-3] 다음 문장의 해석을 써보세요.

1. I like watching TV.

   _____

2. Getting up early is not easy.

   _____

3. My hobby is playing tennis.

   _____

[4-7] 다음 밑줄 친 동명사의 역할을 고르세요.

4. She enjoys <u>knitting</u>.   [주어, 목적어, 주격 보어]

5. I don't like <u>swimming</u>.   [주어, 목적어, 주격 보어]

6. <u>Running</u> keeps me fit.   [주어, 목적어, 주격 보어]

7. My favorite sport is <u>cycling</u>.   [주어, 목적어, 주격 보어]

[8-10] 다음 중 어법상 알맞은 말을 고르세요.

8. Henry finished (wash / washing) his car.

9. I usually (work / working) in front of a PC.

10. (Fly / Flying) to London costs a lot.

[단어] 2. **get up** 일어나다   4. **knit** 뜨개질 하다   6. **keep** 유지하다   **fit** 건강한   7. **favorite** 가장 좋아하는
9. **in front of** ~ 앞에서   10. **fly** 비행하다   **cost** 비용이 들다

[복습] 다음 빈칸에 알맞은 말을 쓰세요.

1. 나는 늦지 않도록 노력할 것이다.   I'll try _____ _____ be late.

2. 그녀는 나에게 어디로 가야 할지 말해줬다.   She told me _____ _____ go.

3. 그 담요는 너무 더러워서 사용할 수 없다.   The blanket is _____ dirty _____ use.

Unit 9. to부정사를 목적어로 취하는 동사

1. 3형식 구조에서 to부정사와 동명사

to부정사와 동명사의 차이를 꼭 구분해야 하는
대표적인 문장 열차를 소개할게요.

바로 **주어, 동사, 목적어**로 구성된 **3형식 문장**이에요.

목적어 칸에 동사가 탑승하면
동사는 **to부정사** 또는 **동명사** 형태로 들어가야 하는데요.

그냥 마음대로 들어갈 수 없고
동사 칸에 있는 동사한테 물어봐야 합니다.

동사 칸에 있는 동사의 답은 4가지나 됩니다.

1. to부정사만 와.   2. 동명사만 와.

3. 뜻을 따져 봐야 해.   4. 둘 중에 아무나 와.

1번 'to부정사만 와.'라고 말하는 동사 그룹부터 살펴볼게요.

2. to부정사를 목적어로 취하는 동사

목적어 칸에 to부정사가 오는 것을 좋아하는 동사를 소개할게요.

---

to부정사를 목적어로 취하는 동사

wish(소망하다)   **hope**(희망하다)   **want**(원하다)

promise(약속하다)   **decide**(결심하다)   **expect**(기대하다)

afford(~할 여유가 있다)   **plan**(계획하다)   **agree**(동의하다)

pretend(~한 척하다)   **fail**(실패하다)   **refuse**(거절하다) 등

이 동사들은 to부정사만 좋아합니다.

헉. 엄마.
동사가 너무
많아요 ㅜㅜ

무조건 외우지 마.
동사들의
공통점이 있어.

to부정사를 좋아하는 동사들은 공통점이 있어요.

공통점
무언가를 꿈꾸는 동사로 to부정사의 미래 느낌을 좋아함

---

to부정사는 **미래** 지향적인 의미를 가지고 있는데요. [3권 Unit 7]
위의 동사들이 to부정사의 미래 느낌과 매우 잘 어울려요.

미래 느낌

꿈꾸는 동사
희망, 계획, 결심, 기대하는 동사

to부정사

예문을 살펴볼게요.

한 남자가 차를 사고 싶어요.

I want to buy a new car.
(나는 새 차를 사기를 원해.)

이 남자는 새 차를 지금 샀나요? 아니요!

미래

I want <u>to buy a new car</u>.

지금은 원하기만 할 뿐이고
'to buy a new car(새 차를 사는 것)'는
아직 발생하지 않은 일이죠?

나중에 일어날 수도 있고 일어나지 않을 수 있는 **미래의 일**이에요.

동사 칸에 '꿈꾸는 동사'인 want는
이 **미래 느낌**과 매우 잘 어울리기 때문에 to부정사와 함께 씁니다.

want + to부정사: (미래에) ~하기를 원하다

그럼 앞에서 소개한 동사를 모두 문장에 적용해 볼게요.
아래 1)~12)을 읽어보면서 실제로 차를 산 문장이 있는지 확인해보세요.

1) **I wish to buy a new car.** (나는 새 차 사기를 소망한다.)

2) **I hope to buy a new car.** (나는 새 차 사기를 희망한다.)

3) **I want to buy a new car.** (나는 새 차 사기를 원한다.)

4) **I promised to buy a new car.** (나는 새 차를 사기로 약속했다.)

5) **I've decided to buy a new car.** (나는 새 차를 사기로 결정한 상태이다.)

6) **I expect to buy a new car this week.**
(나는 이번 주에 새 차를 살 것을 기대한다.)

7) **I can afford to buy a new car.** (나는 새 차를 살 여유가 있다.)

8) **I plan to buy a new car.** (나는 새 차를 살 계획이다.)

9) **I agree to buy a new car.** (나는 새 차 사는 것을 동의한다.)

10) **He's pretending to buy a new car.** (그는 새 차를 사는 척 하고 있다.)

11) **I failed to buy a new car.** (나는 새 차를 사지 못했다.)

12) **I refused to buy a new car.** (나는 새 차 사는 것을 거절했다.)

'차를 샀다'고 말하는 문장은 없어요.

1)-9)까지는 모두 **미래의 일**을 희망하고, 원하고, 약속하고,
계획하고, 동의하며 꿈꾸고 있어요. 10)은 차를 사는 척만 했고요.
11)은 차를 사겠다는 계획이 실패했고 12)는 차를 사는 것을 거절했어요.

wish(소망하다) **hope**(희망하다) **want**(원하다)
promise(약속하다) **decide**(결심하다) **expect**(기대하다)
afford(~할 여유가 있다) **plan**(계획하다) **agree**(동의하다)
pretend(~한 척하다) **fail**(실패하다) **refuse**(거절하다)

모두 **미래** 지향적인 느낌을 가진 **to부정사**와 잘 어울린다고 기억하면 됩니다.

예문을 더 살펴볼게요.

I plan to stay at home.
(나는 집에 있을 계획이다.)

plan은 **미래 일에 대한 계획**을 세우는 거죠?
그래서 미래의 느낌을 가지는 **to부정사**를 씁니다.

또 다른 예를 볼게요.

He decided to get a new job.
(그는 새로운 직장을 구하기로 결심했다.)

decide는 미래의 일을 결심하는 거죠?
그래서 미래 지향적인 느낌의 **to부정사**와 같이 씁니다.

Quiz 1

다음 빈칸에 알맞은 말을 고르세요.

He promised _____ me.

① helping ② to help

promise는 '약속하다'라는 뜻으로 미래의 일을 약속할 때 쓰기 때문에 to부정사와 함께 씁니다.
'그는 나를 도와주기로 약속했다.'라는 뜻입니다.

정답 ②

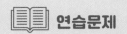 **연습문제**

머리에 콕콕

다음 <보기>에서 알맞은 말을 골라 빈칸을 완성해 보세요.

보기		
• decide • promise • agree	to부정사를 목적어로 취하는 동사	wish(소망하다), hope(희망하다), want(원하다), ①_____ (약속하다), ②_____(결심하다), expect(기대하다), afford(~할 여유가 있다), plan(계획하다), ③_____ (동의하다), pretend(~한 척하다), fail(실패하다), refuse(거절하다) 등
	예문	I want to buy a new car. (나는 새로운 차를 사기를 원한다.) I plan to stay at home. (나는 집에 있을 계획이다.)

정답 ① promise ② decide ③ agree

문법 Talk

매일 10문장

Unit 9.

[1-6] 다음 중 어법상 알맞은 말을 고르세요.

1. I want (studying / to study) English.

2. He refused (joining / to join) the band.

3. I hope (seeing / to see) you soon.

4. I failed (getting / to get) the job.

5. I can't afford (buying / to buy) a bike.

6. They promised (coming / to come) back early.

[7-10] 다음 우리말에 알맞도록 주어진 단어를 바르게 배열하세요.

7. 나는 더 많은 친구를 사귀기를 원한다. (want / I / make more friends / to)

    _____

8. 그는 학생인 척했다. (he / to / pretended / be a student)

    _____

9. 나는 그를 돕는 것에 동의했다. (agreed / I / to / help him)

    _____

10. 그녀는 라임 나무 심는 것을 계획했다. (she / planned / plant a lime tree / to)

    _____

[단어] 2. **refuse** 거절하다 **join** 가입하다 **band** 밴드 4. **fail** 실패하다, ~하지 못하다 5. **afford** ~할 여유가 있다
8. **pretend** ~한 척하다 10. **plant** 심다

Unit 8 복습 TEST

[복습] 다음 어법상 알맞은 말을 고르세요.

1. 나는 TV 보는 것을 좋아한다.   I like (watch / watching) TV.

2. 일찍 일어나는 것은 쉽지 않다.   (Get / Getting) up early is not easy.

3. 나의 가장 좋아하는 스포츠는 자전거 타는 것이다. My favorite sport is (cycle / cycling).

Unit 10. 동명사를 목적어로 취하는 동사

1. 동명사를 목적어로 취하는 동사

우리 앞에서 to부정사를 좋아하는 동사 그룹을 배웠어요.
이번에는 **동명사를 좋아하는 동사**들을 소개할게요.

목적어 자리에 동명사만 좋아하는 동사는 다음과 같아요.

동명사를 목적어로 취하는 동사

enjoy(즐기다) keep(계속하다) practice(연습하다) finish(끝내다)

give up(포기하다) delay(미루다) postpone(연기하다/미루다)

mind(꺼리다) avoid(피하다) deny(부정하다) 등

이번에도 너무 많죠? 하지만 걱정하지 마세요.
동명사의 느낌을 알면 동사를 기억하는데 도움이 됩니다.

to부정사가 **미래의 느낌**을 갖는다면, **동명사**는 **(과거와 현재)경험의 느낌**을 가져요.

| to부정사
미래 | VS | 동명사
(과거, 현재) **경험** |

예를 들어볼게요.

I finished washing the dishes.
(나는 설거지하는 것을 끝마쳤다.)

설거지를 했고 그것을 끝마친 거죠?
하고 있던 일(경험)을 끝냈다는 의미로 finished 다음에 **동명사**를 썼어요.

또 다른 예를 볼게요.

My dad gave up drinking.
(나의 아빠는 술 마시는 것을 끊으셨어.)

아빠는 과거에 술을 마셨었고 그것을 그만둔 거죠?
그래서 gave up(포기했다) 다음에 **동명사**를 썼어요.

Quiz 1

다음 빈칸에 알맞은 말을 고르세요.

I kept _____.

① to sing ② singing

keep은 '계속 ~하다'라는 뜻으로 경험했던 일을 계속하기 때문에 동명사와 함께 씁니다.
'나는 계속 노래를 불렀다.'라는 뜻입니다.

정답 ②

아하~
to부정사는 미래

동명사는
과거와 현재의 경험

물론 to부정사의 '미래' 느낌과 동명사가 가지는 '경험'의 느낌이
절대 규칙으로 모든 문장에 적용되는 것은 아닙니다.

어디까지나 to부정사와 동명사의 기본적인 느낌일 뿐인데요.
이 느낌을 기억하면서 예문을 보고 또 봐야 익숙해질 수 있어요.

앞에서 배운 동사를 문장에 적용해 볼게요.

1) **I enjoyed playing the piano.** (나는 피아노 치는 것을 즐겼다.)

2) **I kept playing the piano.** (나는 계속 피아노를 쳤다.)

3) **I practice playing the piano.** (나는 피아노 치는 것을 연습한다.)

4) **I finished playing the piano.** (나는 피아노 치는 것을 끝냈다.)

5) **I gave up playing the piano.** (나는 피아노 치는 것을 그만뒀다.)

6) **I delayed playing the piano.** (나는 피아노 치는 것을 미뤘다.)

7) **I postponed playing the piano.** (나는 피아노 치는 것을 연기했다.)

8) **I don't mind playing the piano now.**
   (나는 지금 피아노 치는 것을 꺼리지 않는다.)

9) **I avoided playing the piano.** (나는 피아노 치는 것을 피했다.)

10) **I denied playing the piano.** (나는 피아노 친 것을 부인했다.)

과거에 경험했거나 현재 경험하고 있는 일을

즐기고, 계속하고, 연습하고, 끝내고, 포기하고,

미루고, 연기하고, 꺼리고, 피하고, 부정하고.

이런 동사들이 동명사와 함께 쓴다고 기억하세요.

동사가 많아도
너무 많아요 ㅠ

예문을
보고 또 보자!

Quiz 2

다음 빈칸에 알맞은 말을 고르세요.

1) He finished _____ his homework.

(그는 그의 숙제하는 것을 끝마쳤다.)

① to do   ② doing

2) I don't mind _____ the bin.

(나는 쓰레기통 비우는 것을 꺼리지 않는다.)

① to empty   ② emptying

1) '~하는 것을 끝마쳤다'는 의미로 finished 다음에 동명사를 써야 합니다.
2) mind(꺼리다) 다음에 동사를 쓸 때는 동명사를 써야 합니다.

정답 1) ② 2) ②

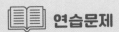

머리에 콕콕

Unit 10.

다음 <보기>에서 알맞은 말을 골라 빈칸을 완성해 보세요.

보기	동명사를 목적어로 취하는 동사	①_____ (즐기다), keep(계속하다), practice(연습하다), finish(끝내다), give up(포기하다), ②_____ (미루다), postpone(연기하다/미루다), ③_____ (꺼리다), avoid(피하다), deny(부정하다) 등
• delay • mind • enjoy	예문	I finished washing the dishes. (나는 설거지하는 것을 끝마쳤다.) My dad gave up drinking. (나의 아빠는 술 마시는 것을 끊으셨다.)

정답 ① enjoy ② delay ③ mind

문법 Talk

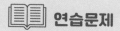
매일 10문장

Unit 10.

[1-7] 다음 중 어법상 알맞은 말을 고르세요.

1. I enjoyed (to talk / talking) to you.

2. He denied (to steal / stealing) the car.

3. Jenny kept (to make / making) mistakes.

4. The students finished (to take / taking) the test.

5. Peter wants (to be / being) a vet.

6. Kate decided (to study / studying) abroad.

7. Would you mind (to close / closing) the window?

[8-10] 다음 우리말에 알맞도록 주어진 단어를 바르게 배열하세요.

8. 그녀는 그에게 전화하는 것을 미뤘다. (delayed / she / calling / him)

　　_____

9. 우리는 함께 노래하는 것을 연습했다. (practiced / singing together / we)

　　_____

10. 나는 패스트푸드 먹는 것을 피한다. (I / eating / fast food / avoid)

　　_____

[단어]　2. **deny** 부인하다　**steal** 훔치다　3. **mistake** 실수　5. **vet** 수의사　6. **abroad** 해외에서　8. **delay** 미루다
10. **avoid** 피하다

Unit 9 복습 TEST

[복습] 주어진 단어를 바르게 배열하세요.

1. 나는 영어를 공부하기를 원한다. (want / I / to / study English)

　　_____

2. 나는 직업을 구하는 데 실패했다. (to / get the job / I / failed)

　　_____

3. 그들은 일찍 돌아온다고 약속했다. (come back early / they / promised / to)

　　_____

Unit 11. to부정사와 동명사를 목적어로 취하는 동사

1. to부정사, 동명사 조건에 맞게 목적어로 취하는 동사

이번에는 세 번째 그룹으로 to부정사와 동명사를 모두 쓸 수 있지만
뜻이 달라지는 동사를 소개할게요.

다음 네 개의 동사만 기억하면 됩니다.

to부정사와 동명사를 조건에 맞게 취하는 동사

동사	to / ~ing	뜻
remember	to	~할 것을 기억하다
	ing	~한 것을 기억하다
forget	to	~할 것을 잊다
	ing	~한 것을 잊다
try	to	~하려고 노력하다
	ing	~을 (한번) 해보다
stop	to	~하기 위해 멈추다 [부사적 용법]
	ing	~하는 것을 멈추다

차근차근 살펴볼게요.

동사 remember는 **'기억하다'**라는 뜻이죠?
앞에서 공부한 **to부정사**의 **미래**,
동명사의 **과거와 현재 경험의** 느낌을 적용하면 됩니다.

to부정사 **미래**	**VS**	동명사 (과거, 현재) **경험**

to부정사를 쓰면 **미래**에 **'~할 것을 기억하다'**라는 뜻이 되고요.
동명사는 경험의 느낌을 가지니까 이미 한 일,
즉 **'~했던 것을 기억하다'**라는 뜻이 됩니다.

> **remember to: ~할 것을 기억하다**
> **remember ~ing: ~한 것을 기억하다**

문제를 풀어볼게요.

> 나는 그녀를 전에 봤던 것을 기억하고 있어.
> **I remember _____ her before.**
> ① to see   ② seeing

이전에 봤던 경험을 기억하고 있는 거죠?
remember ~ing **'~한 것을 기억하다'**라는 뜻으로 ② seeing이 정답입니다.

> **I remember seeing her before.**

그럼 다음 빈칸에는 어떤 말을 쓸까요?

내일 전화해.

내일 나에게 전화하는 것을 기억해.

Remember _____ me tomorrow.

① to call   ② calling

나에게 전화를 했나요? 안 했어요. 전화하는 것은 내일 할 일로 **미래**예요.
그래서 미래의 느낌을 가지는 ① **to call**과 같이 씁니다.
remember to '**~할 것을 기억하다**'라는 뜻이에요.

Remember to call me tomorrow.

3. forget to / forget ~ing

forget to와 ing의 차이점은
앞에서 배운 remember와 매우 비슷해요.

동사 **forget**은 '**잊다**'라는 뜻이죠?

forget 다음에 **to**를 쓰면 **미래에 할 일**을 잊은 것이고
forget 다음에 **ing**를 쓰면 **이전에 경험한 일**을 잊은 거예요.

forget to: ~할 것을 잊다
forget ~ing: ~한 것을 잊다

문제에 바로 적용해볼게요.

앗 ㅠㅠ 폰을
안 가져왔다.

나는 핸드폰 가져오는 것을 깜빡했다.

I forgot _____ my phone.

① to bring ② bringing

힌트!

핸드폰을 가져왔나요? 안 가져왔나요?

안 가져왔죠.

해야 할 일을 잊은 거니 **forget to** '~할 것을 잊다'를 씁니다.

I forgot to bring my phone.

Quiz 1

다음 빈칸에 알맞은 말을 고르세요.

I forgot _____ him an email.

(나는 그에게 이메일 보낼 것을 깜빡했다.)

① to send ② sending

이메일을 보내야 할 일을 잊었기 때문에 forget to를 씁니다.

정답 ①

87

4. try to / try ~ing

try to는 미래의 일을 위해 노력할 때 쓰고요.
try ~ing는요, 그냥 한번 시험 삼아서 경험해 볼 때 써요.

> ### try to: ~하려고 노력하다
> ### try ~ing: ~을 (한번) 해보다

예를 들어 볼게요.
갑자기 컴퓨터가 작동이 안되어요.
컴퓨터를 한번 꺼볼까요?

> 컴퓨터를 한번 꺼 봐.
> ### Try turning off the computer.

무엇을 위해 노력하라는 의미가 아니라, '시험 삼아 꺼봐'라고 하는 상황이기 때문에
try ~ing를 썼어요.

만약 Try to turn off the computer.라고 말하면
'컴퓨터를 끄기 위해 노력해.'라는 뜻이에요.

Quiz 2

다음 빈칸에 알맞은 말을 고르세요.

나는 그 차를 고치려고 노력했다.

I tried _____ the car.

① to fix   ② fixing

'~하려고 노력했다'의 뜻으로 try to를 씁니다. try ~ing는 '한 번 해보다'라는 뜻입니다.   정답 ①

마지막 동사 stop은 조금 특이해요.

stop 다음에 ing를 쓰면 **'(경험)하고 있는 것을 멈추다'**라는 뜻이 됩니다.

stop ~ing: ~하는 것을 멈추다

예를 들어볼게요.

I stopped playing the piano. (나는 피아노 치는 것을 멈췄다.)

playing이 stopped의 목적어가 되어 '~하는 것을 멈췄다'라는 의미예요.

그런데 stop은 때때로 자동사로 '멈추다'라는 뜻으로 쓰기도 해요.

I stopped. (나는 멈췄다.)

여기에 **to부정사**를 덧붙여 주면 **'~하기 위해서 멈추다'**라는 뜻이 됩니다.

I stopped to get a phone call. (나는 전화를 받기 위해서 멈췄다.)

to부정사구가 멈춘 목적을 설명하죠?

in order to와 같은 뜻으로 to부정사의 **부사적 용법**에 해당합니다.

stop to: ~하기 위해서 멈추다

6. to부정사와 동명사를 모두 목적어로 취하는 동사

이번에는 네 번째 동사 그룹을 소개할게요.

1. to부정사만 와. 2. 동명사만 와.

3. 뜻을 따져 봐야 해. 4. 둘 중에 아무나 와.

네 번째 그룹은 to부정사를 써도 되고 동명사를 써도 되는 동사예요.

to부정사와 동명사를 모두 목적어로 취하는 동사
like(좋아하다) **love**(사랑하다) **hate**(싫어하다)
start(시작하다) **begin**(시작하다) **continue**(계속하다) 등

우리가 흔히 말하는 연애감정을 떠올리면 기억하기가 쉬워요.

좋아하다, 사랑하다, 싫어하다, (이러한 마음이) 시작하고, 계속하다 다음 예문을 읽어보세요.
to부정사와 동명사 중 어떤 것을 써도 의미가 같아요.

I like to cycle.
I like cycling.
(나는 자전거 타는 것을 좋아한다.)

I started to cycle.
I started cycling.
(나는 자전거 타는 것을 시작했다.)

I love to cycle.
I love cycling.
(나는 자전거 타는 것을 사랑한다.)

I continue to cycle.
I continue cycling.
(나는 계속 자전거를 탄다.)

I hate to cycle.
I hate cycling.
(나는 자전거 타는 것을 싫어한다.)

Quiz 3

다음 빈칸에 알맞은 말을 <u>모두</u> 고르세요.

I like _____ tea. (나는 차를 마시는 것을 좋아한다.)

① drink   ② to drink   ③ drinking

동사 like 다음에 동사를 또 쓸 때는 to부정사나 동명사로 변신해야 합니다.

정답 ②, ③

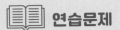 **연습문제**

Unit 11.

머리에 콕콕

다음 <보기>에서 알맞은 말을 골라 빈칸을 완성해 보세요.

보기			
• hate • forget • begin • stop			

뜻이 달라지는 동사	remember	to부정사	~할 것을 기억하다
		동명사	~한 것을 기억하다
	①_____	to부정사	~할 것을 잊다
		동명사	~한 것을 잊다
	try	to부정사	~할 것을 노력하다
		동명사	~을 (한번) 해보다
	②_____	to부정사	~하기 위해 멈추다 [부사적 용법]
		동명사	~하는 것을 멈추다
뜻이 같은 동사	like(좋아하다), love(사랑하다), ③_____ (싫어하다), start(시작하다), ④_____ (시작하다), continue(계속하다) 등		

정답 ① forget ② stop ③ hate ④ begin

문법 Talk

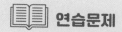

Unit 11.

매일 10문장

[1-7] 다음 우리말에 일치하도록 알맞은 말을 고르세요.

1. 나는 내일 점심 도시락 싸야 하는 것을 기억해야 한다.

   I must remember (to pack / packing) lunch tomorrow.

2. 우리는 샌드위치를 먹기 위해 멈췄다.

   We stopped (to have / having) sandwiches.

3. 그녀는 주차 공간을 찾으려고 노력했다.

   She tried (to find / finding) a parking space.

4. 나는 이 파일 보내는 것을 깜빡했다.

   I forgot (to send / sending) this file.

5. 나는 어렸을 때 런던에 갔던 것을 기억한다.

   I remember (to go / going) to London when I was little.

6. 여기 웹사이트를 한번 방문해 봐.

   Try (to visit / visiting) this website.

7. 그는 오토바이 타는 것을 그만뒀다.

   He stopped (to ride / riding) a motorbike.

[8-10] 다음 두 문장이 같은 뜻이 되도록 문장을 완성하세요.

8. He started _____ the novel. = He started to read the novel.

9. I will continue working at this company. = I will continue _____ _____ at this company.

10. She hates traveling by ship. = She hates _____ _____ by ship.

[단어] 1. **pack** 싸다 3. **parking space** 주차공간 7. **motorbike** 오토바이 8. **novel** 소설 9. **continue** 계속하다

[복습] 주어진 단어를 바르게 배열하여 문장을 완성하세요.

1. 나는 너에게 이야기하는 것을 즐겼다. (talking to you / enjoyed / I)

   _____

2. 제니는 계속 실수를 했다. (Jenny / making mistakes / kept)

   _____

3. 피터는 수의사가 되고 싶어 한다. (a vet / Peter / wants / to be)

   _____

1. to부정사가 침범할 수 없는 영역

to부정사를 쓰면 안되고
반드시 동명사만 써야 하는 경우가 있어요.

바로! **전치사** 다음에 동사를 쓸 때에는 **동명사** 형태로만 써야 합니다.

전치사 + (동)명사

전치사 뒤에는 to부정사를 쓸 수 없어요. 왜 그럴까요?

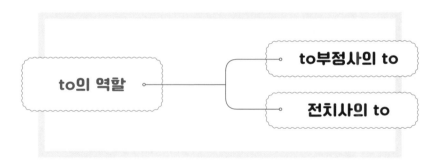

to가 to부정사로도 쓸 수 있고 전치사 to로도 쓸 수 있기 때문이에요.

to 자체가 전치사로도 쓸 수 있는데
또 다른 전치사와 같이 쓰면 매우 헷갈릴 수 있으니 같이 쓰지 않아요.

아하! 전치사 다음에
to부정사 금지!

맞아. 명사나
동명사를 써야 해.

전치사와 동명사를 자주 쓰는 표현을 소개할게요.

자주 쓰는 <전치사 + 동명사> 표현

표현	뜻
1) be good at ~ing	~하는 것에 능숙하다/~하는 것을 잘 한다
2) dream of ~ing	~하는 것을 꿈꾸다
3) be tired of ~ing	~하는 것에 싫증나다
4) feel like ~ing	~을 하고 싶다
5) How(what) about ~ing	~하는 게 어때?
6) stop A from ~ing	A가 ~하는 것을 막다/못 하게 하다

머리가 아프죠? 예문을 볼게요.

be good at은 '~을 잘하다'라는 뜻이에요.
전치사 at 다음에는 명사를 쓰는데요.
동사를 쓰고 싶을 때는 동명사 형태로 씁니다.

1) **I'm good at singing.**

(나는 노래 부르는 것을 잘한다.)

dream of는 '~을 꿈꾸다'라는 뜻이에요.
전치사 of 다음에는 명사 또는 동명사를 씁니다.

'되다'를 의미하는 be동사의 동사원형은
be이기 때문에 동명사 being으로 썼어요.

2) **I dream of being a doctor.**

(나는 의사가 되는 것을 꿈꾼다.)

tired는 '피곤한'이란 뜻부터 생각나죠?
tired에는 **'싫증난'**이란 뜻도 있어요.

be tired of는 '~에 싫증나다'라는 뜻입니다.

전치사 of 다음에는
명사 또는 동명사를 씁니다.

3) **I'm tired of staying home.**

(나는 집에 머무는 것에 싫증난다.)

feel like에서 like는 동사 '좋아하다'라는
뜻이 아니라 **'~와 같이'**라는 전치사예요.

'~와 같은 느낌이 들다' ➡ '~을 하고 싶다'

4) **I feel like eating chicken.**

(나는 치킨을 먹고 싶다.)

How about과 **What about** 모두
'~하는 것이 어때?'라는 뜻이에요.

전치사 about 뒤에 명사나 동명사를 씁니다.

5) **How**(What) **about
going to the park?**

(공원에 가는 게 어때?)

stop A from ~ing는
'A가 ~하는 것을 막다/못 하게 하다'라는 뜻이에요.
from은 전치사로 다음에는 동명사를 씁니다.

'나는 비 때문에 자전거를 탈 수 없었다.'라는
뜻이에요.

6) **The rain stopped me
from riding my bike.**

(그 비는 내가 자전거 타는 것을 막았다.)

다음 빈칸에 알맞은 말을 고르세요.

중고차를 사는 것은 어때?

How about _____ a used car?

① to buy   ② buying

How about의 about은 전치사로 뒤에 동사를 쓸 때 동명사를 써야 합니다.   정답 ②

3. 자주 쓰는 <전치사 to + 동명사> 표현

이번에는 전치사 to 다음에 동명사를 쓰는 표현을 소개할게요.

자주 쓰는 <전치사 to + 동명사> 표현

표현	뜻
1) look forward to ~ing	~하기를 기대하다
2) object to ~ing	~하는 것에 반대하다
3) be used to ~ing	~하는 것에 익숙하다

여기에서 to는 모두 전치사 to예요.
to부정사의 to와 헷갈리면 안 돼요!

to + 동사원형: to부정사
to + 명사(동명사): 전치사

아하~ 여기에서 to가
전치사라서 뒤에
동명사를 썼군요!

맞아!
전치사 다음에는
동사원형 금지!

3. 자주 쓰는 <전치사 to + 동명사> 표현

1) I'm looking forward to seeing you.

(나는 너를 만나기를 기대한다.)

look forward to는
'~하는 것을 기대하다'라는 뜻이에요.
to는 전치사이기 때문에
동명사로 seeing을 씁니다.

2) He objected to helping her.

(그는 그녀를 돕는 것을 반대한다.)

object to는 '~을 반대하다'라는 뜻이에요.
여기서 to는 전치사이기 때문에
동사를 쓰고 싶으면
동명사 형태로 써야 합니다.

3) I'm used to driving at night.

(나는 밤에 운전하는 것에 익숙하다.)

used는 여기에서 **'익숙한'**이란 뜻으로,
be used to는 '~하는 것에 익숙하다'라는
뜻입니다. to가 전치사이기 때문에
명사나 동명사로 써야 합니다.

Quiz 2

다음 빈칸에 알맞은 말을 고르세요.

나는 혼자 먹는 것에 익숙하다.

I'm used to _____ alone.

① eat ② eating

be used to ~ing는 '~하는 것에 익숙하다'라는 뜻이에요. to가 전치사이기 때문에 뒤에 동명사로 써야 합니다.   정답 ②

Q. used to, be used to 동사원형, be used to ~ing 이 세가지 표현이 헷갈려요.

A. 셋의 차이를 정리해볼게요.

1) used to의 뜻
used to는 '**~하곤 했다**'라는 뜻으로 과거의 습관을 나타내요. [3권 Unit 22]

> **I used to believe in ghosts.** (나는 귀신을 믿곤 했다.)

과거에 믿었지만 지금은 믿지 않아요.

2) be used to 동사원형
be used to 동사원형은 '**~하기 위해 사용되다**'라는 뜻이에요.

수동태로 <be동사 + 과거분사>의 형태로 썼고요.
여기서 to는 to부정사로 '**~하기 위해서**'라는 목적을 나타냅니다.

> **This program is used to create videos.**
> (이 프로그램은 영상을 만들기 위해 사용된다.)

3) be used to ~ing
be used to ~ing는 '**~하는 것에 익숙하다**'라는 뜻입니다.
여기서 used는 '익숙한'이란 뜻이고 여기서 to는 전치사예요.

> **I am used to studying at the coffee shop.**
> (나는 그 카페에서 공부하는데 익숙하다.)

4. 자주 쓰는 동명사 관용 표현

이번에는 자주 쓰는 동명사 관용 표현을 소개할게요.

자주 쓰는 동명사 관용 표현

표현	뜻
1) go ~ing	~하러 가다
2) be busy ~ing	~하느라 바쁘다
3) spend 시간/돈 ~ing	~하는데 시간/돈을 쓰다

1) Let's go swimming.

(수영하러 가자.)

go 다음에 **ing**를 써서
'~하러 가다'라는 뜻이에요.
일상 회화에서 정말 많이 써요.

2) They're busy cooking.

(그들은 요리하느라 바쁘다.)

바쁜 상황과 **그 이유**를
한꺼번에 말할 수 있는 표현입니다.
동명사 앞에 전치사 in을 써서
be busy in ~ing로 쓰기도 하는데요.
일상 회화에서는 in 없이
be busy ~ing로 자주 씁니다.

3) I spent two hours waiting for you.

(나는 너를 기다리는 데 두 시간을 보냈다.)

spend가 '(시간을) 보내다,
(돈을) 쓰다'라는 뜻이죠?
spend 시간/돈 다음에
동명사를 쓰면
'~하는데 시간/돈을 쓰다'라는 뜻이에요.

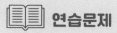 **연습문제**

머리에 콕콕 (Unit 12.)

다음 <보기>에서 알맞은 말을 골라 빈칸을 완성해 보세요

보기
- look
- like
- used
- at

전치사 + 동명사	1) be good ①_____ ~ing	~하는 것에 능숙하다/~을 잘 한다
	2) dream of ~ing	~하는 것을 꿈꾸다
	3) be tired of ~ing	~하는 것에 싫증나다
	4) feel ②_____ ~ing	~을 하고 싶다
	5) How(what) about ~ing	~하는 게 어때?
	6) stop A from ~ing	A가 ~하는 것을 막다/못 하게 하다
전치사 to + 동명사	1) ③_____ forward to ~ing	~하기를 기대하다
	2) object to ~ing	~하는 것에 반대하다
	3) be ④_____ to ~ing	~하는 것에 익숙하다
동명사 관용표현	1) go ~ing	~하러 가다
	2) be busy ~ing	~하느라 바쁘다
	3) spend 시간/돈 ~ing	~하는데 시간/돈을 쓰다

정답 ① at ② like ③ look ④ used

문법 Talk

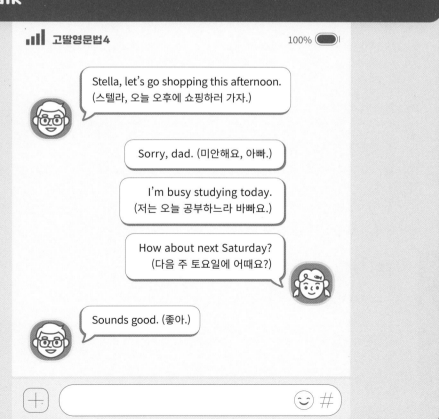

📶 고딸영문법4   100% 🔋

> Stella, let's go shopping this afternoon.
> (스텔라, 오늘 오후에 쇼핑하러 가자.)

> Sorry, dad. (미안해요, 아빠.)

> I'm busy studying today.
> (저는 오늘 공부하느라 바빠요.)

> How about next Saturday?
> (다음 주 토요일에 어때요?)

> Sounds good. (좋아.)

101

Unit 12.

매일 10문장

[1-4] 다음 밑줄 친 부분을 바르게 고쳐 쓰세요.

1. I dream of <u>be</u> a singer. 　　　　_____

2. I feel like <u>have</u> some cake. 　　　　_____

3. I'm tired of <u>to wait</u> for him. 　　　　_____

4. How about <u>to go</u> to the park? 　　　　_____

[5-7] 다음 문장의 우리말 뜻을 쓰세요.

5. She is good at playing soccer. 　　　　_____

6. I'm used to living in England. 　　　　_____

7. I'll spend my vacation traveling in Busan. 　_____

[8-10] 다음 우리말에 알맞도록 주어진 단어를 바르게 배열하세요.

8. 그는 저녁을 요리하느라 바쁘다. (cooking / is / he / busy / dinner)

   _____

9. 나는 조깅하러 갈 것이다. (go / jogging / I'll)

   _____

10. 나는 너로부터 소식 듣기를 기대한다. (hearing from you / I / to / forward / look)

   _____

[단어] 7. **vacation** 방학   9. **jog** 조깅하다

Unit 11 복습 TEST

[복습] 주어진 단어를 바르게 배열하세요.

1. 나는 이 서류를 보내는 것을 깜빡했다. (I / to / send this file / forgot)

   _____

2. 그는 오토바이 타는 것을 그만뒀다. (stopped / riding a motorbike / he)

   _____

3. 그는 그 소설을 읽기 시작했다. (reading the novel / started / he)

   _____

A. 다음 문제를 풀어 보세요.

[1-3] 다음 빈칸에 알맞은 말을 고르세요.

1

I _____ to stay home.

① enjoyed   ② wanted

③ kept   ④ avoided

2

I finished _____ the dishes.

① wash   ② washed

③ to wash   ④ washing

3

She pretended _____ a teacher.

① is   ② be

③ to be   ④ being

4 다음 밑줄 친 동명사구의 쓰임이 <u>다른</u> 하나를 고르세요.

① She likes <u>running</u>.

② My hobby is <u>swimming</u>.

③ I gave up <u>reading this book</u>.

④ I started <u>learning Chinese</u>.

[5-6] 다음 중 <보기>의 우리말을 영어로 바르게 옮긴 것을 고르세요.

5

<보기> 나는 이 편지를 보내는 것을 깜빡했다.

① I forgot send this letter.

② I forgot sent this letter.

③ I forgot sending this letter.

④ I forgot to send this letter.

6

<보기> 컴퓨터를 한번 꺼 봐.

① Try turn off the computer.

② Try turned off the computer.

③ Try turning off the computer.

④ Try to turn off the computer.

[7-8] 다음 주어진 단어를 활용하여 빈칸을 완성하세요.

7 오늘 오후에 쇼핑하러 가자.

Let's go _____ this afternoon. (shop)

8 그녀는 농구를 잘 한다.

She is good at _____ basketball. (play)

[9-10] 다음 중 올바른 것을 고르세요.

9 I'm busy (studying / to study).

10 I look forward to (hear / hearing) from you.

Unit 13. 종합 TEST

B. 다음 주어진 단어를 활용하여 빈칸을 완성하세요.

1 나의 엄마는 일찍 돌아온다고 약속했다.

My mom promised _____ back early. (come)

2 문을 닫아도 괜찮을까요?

Would you mind _____ the door? (close)

3 내일 나에게 전화하는 것을 기억해.

Remember _____ me tomorrow. (call)

4 나는 피자를 먹고 싶다.

I feel like _____ pizza. (eat)

5 도서관에 가는 게 어때?

How about _____ to the library? (go)

C. 다음 밑줄 친 부분이 맞으면 O, 틀리면 X하고 바르게 고치세요.

1 그는 밴드에 가입하는 것을 거절했다.
He refused <u>joining</u> the band.   _____

2 나는 너를 곧 만나기를 희망한다.
I hope <u>to see</u> you soon.   _____

3 우리는 함께 노래 부르는 것을 연습했다.
We practiced <u>to sing</u> together.   _____

4 나는 비 때문에 자전거를 탈 수 없었다.
The rain stopped me from <u>riding</u> my bike.   _____

5 나는 그에게 이야기하기 위해서 멈췄다.
I stopped <u>to talk</u> to him.   _____

Unit 14. 분사란?

1. 현재분사와 과거분사의 형태

분사는요.
to부정사, 동명사처럼 또 동사가 변신을 한 형태예요.
분사는 동사에서 **분리되어 나온 말**로 주로 **형용사** 역할을 합니다.

따라서, 뜻도 동사처럼 '~하다'가 아니라 형용사처럼 '**~하는**'으로 해석합니다.

분사의 역할: (주로) 형용사

분사에는 현재분사와 과거분사가 있고 각각 형태와 뜻이 달라요.

분사	형태	뜻
현재분사	동사원형ing	~하는, ~하고 있는
과거분사	동사원형ed	~되어진, ~완료한

현재분사는 동사원형에 **ing**를 붙인 형태로
'**~하는, ~하고 있는**'이란 뜻이에요.

과거분사는 동사원형에 **ed**를 붙인 형태로
'**~되어진, ~완료한**'이란 뜻이에요.

예를 들어 볼게요.

동사
1) **clean**(청소하다)

현재분사
2) **cleaning**(청소하고 있는)

과거분사
3) **cleaned**(청소된)

1) **clean**은 '~다'로 끝나는 **동사**이고요.
2) **clean**에 **ing**를 붙이면 '청소하고 있는'이란 뜻의 **현재분사**가 되고
3) **clean**에 ed를 붙이면 '청소된'이란 뜻의 **과거분사**가 됩니다.

앗! 과거분사 어디서 들어본 거 같은데요?

우리 수동태 배울 때 과거분사를 공부했어.
[3권 Unit 24]

Quiz 1

다음 동사의 현재분사와 과거분사의 형태를 쓰세요.

do　　[현재분사] ＿＿＿＿＿＿＿＿　　　[과거분사] ＿＿＿＿＿＿＿＿

do에 ing를 붙이면 doing(하고 있는) 현재분사가 됩니다. do는 불규칙 동사로 3단 변화형은
do(하다)-did(했다)-done(행해진, 끝낸)입니다. 과거분사는 세 번째 단어 done입니다.　　　　정답 doing, done

2. 현재분사와 과거분사의 특징

현재분사와 과거분사의 특징을 한 눈에 정리해볼게요.

현재분사는 **능동**과 **진행**의 의미를 가지고
과거분사는 **수동**과 **완료**의 의미를 가져요.

분사	특징	
현재분사	**능동** (~하는)	**진행** (~하고 있는)
과거분사	**수동** (~되어진)	**완료** (~완료한)

우리 앞에서 공부한
(현재)진행, 현재완료, 수동태에 이러한 분사의 특징이 그대로 적용되어 있어요.

1) **(현재)진행: <be동사 + 현재분사>** [2 권 Unit 10]
2) **현재완료: <have + 과거분사(p.p.)>** [3 권 Unit 12]
3) **수동태: <be동사 + 과거분사(p.p.)>** [3 권 Unit 24]

1)-3) 모두 분사가 단독으로 쓰이지 않고
be동사나 have와 같은 말과 함께 세트로 쓰이는데요.

1) **(현재)진행**시제에서 be동사 다음에 나오는 일반동사에 ing를 붙인 형태가 **현재분사**예요.
현재분사가 **능동, 진행**의 의미를 지닙니다.

She is dancing. (그녀는 춤추고 있는 중이다.)

2) **현재완료**시제는 **have** 다음에 **과거분사**를 쓰죠?
과거분사가 **완료**의 의미를 가져요.

I've just finished my homework.
(나는 이제 막 나의 숙제를 완료한 상태이다.)

3) **수동태**는 be동사 다음에 **과거분사**를 쓰죠?
과거분사가 **수동**의 의미를 지닙니다.

This house was built 20 years ago. (이 집은 20년 전에 지어졌다.)

그럼 다음 문제를 풀어보세요.
다음 빈칸에 어떤 말이 들어가야 할까요?

그는 공부하고 있는 중이야.

He is _____. (study)

'~하고 있는 중이야' **진행**을 나타내죠?
be동사 + 현재분사(ing)의 세트표현으로 씁니다. study에 ing를 붙여야 해요.

He is studying.

또 다른 예문을 볼게요.

그 소포는 어제 보내졌다.

The parcel was _____ yesterday. (send)

소포는 스스로 보내지 않죠?
누군가에 의해서 보내지므로 **수동태**가 되어야 해요.
수동태의 형태는 **be동사+과거분사(p.p.)+(by 행위자)**이고
수동의 의미를 나타내기 위해 send의 **과거분사** sent로 씁니다.

The parcel was sent yesterday.

한 문제 더 풀어볼게요.

나는 이미 빵을 구운 상태이다.

I've already _____ some bread. (bake)

빵을 이미 따끈따끈하게 구워 둔 상태예요.

과거와 현재를 연관 지어서 말하는 현재완료 **have + 과거분사(p.p.)**를 씁니다.

I've already baked some bread.

과거분사가 **완료**의 의미를 가진다는 것을 확인하세요.

3. 분사의 역할

분사는 기본적으로 다음 세 가지 역할을 해요.

1) 세트표현 (진행, 완료, 수동)
2) 형용사 (명사 수식, 감정표현)
3) 분사구문

1번 세트표현은 방금 살펴보았으니
나머지 역할은 다음 유닛에서 하나씩 공부해 볼게요.

Q1. to부정사, 동명사, 현재분사 모두 동사가 변신한 거 맞나요?

A1. 맞아요. 셋 다 모두 동사에서 변신했기 때문에
문법 용어로 to부정사, 동명사, 현재분사를 **준동사**라고 부릅니다.

단, 이 셋의 쓰임이 달라요.

준동사	형태	역할
to부정사	to 동사원형	명사, 형용사, 부사
동명사	동사원형ing	명사
분사	[현재분사] 동원원형ing [과거분사] 동사원형ed	세트표현, 형용사, 분사구문

to부정사는 '~하는 것' '~하는' '~하기 위해' 등처럼
명사, 형용사, 부사 역할을 하고요.

동명사는 **명사**처럼 '~하는 것'이라는 뜻으로 써요.

분사는 주로 **형용사**처럼 사용되며
세트표현(진행, 현재완료, 수동태)과 **분사구문**에 사용됩니다.

현재분사와 동명사는 형태가
동사원형ing로 똑같아서 쓰임이 헷갈리기 쉬운데요.
둘의 차이점은 Unit 18에서 보다 자세히 다룰게요.

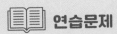 **연습문제**

Unit 14.

머리에 콕콕

다음 <보기>에서 알맞은 말을 골라 빈칸을 완성해 보세요.

보기	개념	특징
▪ 현재완료 ▪ 현재분사 ▪ 과거분사	분사	① _____ : 일반동사ing로 '~하는, ~하고 있는'이란 뜻
		② _____ : 일반동사ed로 '~되어진, ~완료한'이란 뜻
	분사의 역할	세트표현 1) (현재)진행: <be동사 + 현재분사> 2) ③ _____ : <have + 과거분사> 3) 수동태: <be동사 + 과거분사>

정답 ① 현재분사 ② 과거분사 ③ 현재완료

문법 Talk

고딸영문법4　　　　　　100%

> 엄마, 분사는 또 뭐에요?

> 동사에서 분리되어 나온 말이 분사야.

> 그럼 현재분사는 뭐에요?

> 일반동사에 ing를 붙인 형태로 '~하는, ~하고 있는'이란 뜻이야.

> 과거분사는요?

> 일반동사에 ed를 붙인 형태로 '되어진, ~완료한'이란 뜻이야.

> 힝힝 ㅠㅠ 어려워요 ㅠㅠ

매일 10문장

Unit 14.

[1-5] 다음 괄호 안의 주어진 단어를 이용하여 문장을 완성하세요.

1. 그는 음악을 듣고 있는 중이다.

   He is _____ to music. (listen)

2. 그녀는 이미 나의 장난감을 고쳐둔 상태이다.

   She has already _____ my toy. (fix)

3. 그 도둑은 어제 잡혔다.

   The thief was _____ yesterday. (catch)

4. 나는 그 영화를 아직 본 상태가 아니다.

   I haven't _____ the movie yet. (watch)

5. 그들은 함께 일을 하고 있는 중이다.

   They are _____ together. (work)

[6-10] 다음 중 어법상 알맞은 표현을 고르세요.

6. I've just (arriving / arrived).

7. They are (helping / helped) a child.

8. She is (reading / read) a book now.

9. I've already (delivering / delivered) the box.

10. This wallet was (making / made) in France.

[단어] 2. **fix** 고치다 3. **thief** 도둑 6. **arrive** 도착하다 9. **deliver** 배달하다 10. **wallet** 지갑

Unit 12 복습 TEST

[복습] 다음 우리말에 알맞도록 빈칸을 완성해 보세요.

1. 공원에 가는 것은 어때?   How _____ going to the park?

2. 그녀는 축구를 잘 한다.   She is _____ at playing soccer.

3. 나는 영국에 사는데 익숙하다.   I'm _____ to living in England.

과거분사 형태 복습

1. 분사 + 명사

분사는요. 명사 앞에서 명사를 꾸미는 **형용사 역할**을 합니다.

명사야,
내가 꾸며 줄게~

분사 ✛ 명사

분사가 명사를 꾸미는 구조는 우리말을 떠올리면 이해하기 쉬워요.

일하다 VS 일하는 엄마

'**일하다**'는 '**~다**'로 끝나는 **동사**이죠?
'**일하는**'은 '**~하는**'으로 끝나면서 명사 '엄마'를 꾸며요.

영어도 마찬가지예요.

work vs working mom
동사　　　　현재분사

work는 **동사**이고
working은 **현재분사**로 형용사 역할을 하며 명사 mom을 꾸밉니다.

다음 빈칸에 알맞은 말을 고르세요.

달리고 있는 고양이들 = _____ cats

① run　② running

'달리고 있는'이란 진행의 뜻으로 명사 cats을 꾸미기 때문에 현재분사 running이 되어야 합니다.　　정답 ②

2. 현재분사 VS 과거분사

현재분사가 '**~하는, ~하고 있는**'이란 뜻으로 명사를 꾸민다면
과거분사는 '**~되어진, ~완료한**'이란 뜻으로 명사를 꾸밉니다.

분사	형태	뜻	
현재분사	동사원형ing	능동(~하는)	진행(~하고 있는)
과거분사	동사원형ed	수동(~되어진)	완료(~완료한)

예를 살펴볼게요.

오염된 공기 **polluted air**
과거분사

동사 **pollute**는 '**오염시키다**'라는 뜻인데요.
공기는 스스로 오염시키는 것이 아니라 **오염이 되는** 거죠?
수동이기 때문에 과거분사 **polluted**가 되어 명사 **air**를 꾸밉니다.

또 다른 예문을 볼게요.

깨진 유리잔 **a broken glass**
과거분사

유리잔(glass)이 스스로 깨는 게 아니라
누군가에 의해 깨지기 때문에 **수동**의 의미로 **과거분사**를 썼어요.

Quiz 2

다음 빈칸에 알맞은 말을 고르세요.

자고 있는 그 아기는 매우 아름다워 보였다.

The _____ baby looked so beautiful.

① sleeping   ② slept

아기가 자고 있는 모습을 묘사하기 때문에 '~하고 있는'에 해당하는 현재분사를 써야 합니다.   정답 ①

Quiz 3

다음 빈칸에 알맞은 말을 고르세요.

나는 구조된 개를 보았다.

I saw the _____ dog.

① rescuing   ② rescued

동사 rescue는 '구조하다'라는 뜻인데요. 개가 스스로 구조하는 것이 아니라
누군가에 의해 구조되는 것이기 때문에 수동의 의미로 과거분사를 씁니다.   정답 ②

그럼 다음 두 표현은 어떤 차이가 있을까요?

¹⁾ **developing countries**

²⁾ **developed countries**

1)은 동사 develop(발달하다)에 ing를 붙여 현재분사로 썼죠?
'발달하고 있는' 나라이기 때문에 **'개발도상국'**이란 뜻입니다.

2)는 develop에 ed를 붙여서 과거분사로 썼어요.
'발달이 완료된' 나라이기 때문에 **'선진국'**이란 뜻이에요.

¹⁾ **developing countries = 개발도상국**

²⁾ **developed countries = 선진국**

이처럼 분사의 의미에 따라 뜻이 달려져요.

Quiz 4

다음 주어진 동사를 활용하여 빈칸을 완성하세요.

1) 떨어지고 있는 나뭇잎 = _____ **leaves** (fall)

2) 떨어진 나뭇잎 = _____ **leaves** (fall)

1) '떨어지고 있는 나뭇잎'은 눈앞에서 나무에서 떨어지는 '진행' 상태이기 때문에 현재분사 falling을
씁니다. 2) '떨어진 나뭇잎'은 이미 떨어지는 행위가 '완료'되었기 때문에 과거분사로 fallen을 씁니다.　　정답 1) falling 2) fallen

3. '분사 + 명사' 구조 꿀팁

'분사 + 명사' 구조를 계속 공부하다 보면 머리가 아파질 수 있어요.
쉽게 이해할 수 있는 꿀팁 두 가지를 소개할게요.

아빠 ㅜㅜ
분사는 알면 알 수록
헷갈려요.

걱정하지마.
'분사 + 명사는'
딱 정해진
표현들이 많아.

첫째, '분사 + 명사'는 정형화된 표현이 많음

아무 동사나 현재분사와 과거분사 형태를 만들어서 명사 앞에 쓰는 것은 아니에요.

예를 들어,

a crying girl (울고 있는 소녀)

a crying girl(울고 있는 소녀)라는 표현은 쓰지만
'울음을 완료한 소녀'의 의미로 a cried girl(X)이라고 쓰지 않아요.

따라서 원어민이 아닌 우리는 새로운 표현을 만들려고 노력하기보다는
자주 사용되는 표현을 익히고 활용하려는 연습이 필요합니다.

둘째, 분사의 뜻에서 한 단계 발전한 표현들이 많음

현재분사는 기본적으로 **능동/진행**
과거분사는 **수동/완료**의 의미를 가진다고 했죠?

'분사 + 명사'로 쓸 때는 분사의 뜻이 보다 정교화된 형용사 표현들이 많아요.

예를 들어,

a used car

used는 무슨 뜻일까요?
단순히 한 번 '사용된'이란 뜻이 아닙니다.

used는 '**중고의**'라는 뜻이 있어요.
그래서 **a used car**는 '**중고차**'라는 뜻입니다.

그럼 다음은 무슨 뜻일까요?

a wanted man

원해지는 사람일까요?

단순히 원해지는 게 아니라 **wanted**가 '**수배를 받고 있는**'이란 뜻으로 씁니다.
따라서 **a wanted man**은 '**수배자**'라는 뜻이에요.

이러한 표현들은 모두 사전에 등록되어 있어요.
특이한 '분사 + 명사'를 보면 그때그때 뜻을 검색해서 정리해두는 게 가장 빠른 방법이에요.

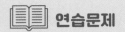

연습문제

머리에 콕콕

Unit 15.

다음 <보기>에서 알맞은 말을 골라 빈칸을 완성해 보세요.

보기

- ~하는, ~하고 있는
- ~되어진, ~완료한
- 분사

개념	특징
분사의 형용사 역할 1	'①_____ + 명사' 구조로 명사를 꾸밈 예) working mom(일하는 엄마)
	1) 현재분사: ②_____ 예) running cats(달리고 있는 고양이들)
	2) 과거분사: ③_____ 예) polluted air(오염된 공기)

정답 ① 분사 ② ~하는, ~하고 있는 ③ ~되어진, ~완료한

문법 Talk

고딸영문법4   100%

엄마! 분사는 왜 명사 앞에 써요?

형용사처럼 명사를 꾸며주려고.

**현재분사, 과거분사 둘 다
명사 앞에 쓸 수 있어요?**

응!
현재분사는 '~하는, ~하고 있는'이란 뜻
과거분사는 '~되어진, 완료한'이란 뜻

고마워요♥ 엄마.

매일 10문장

Unit 15.

[1-10] 다음 괄호 안의 주어진 단어를 이용하여 문장을 완성하세요.

1. 이 샴푸는 손상된 머리에 좋다.

   This shampoo is good for _____ hair. (damage)

2. 노래하는 새들의 소리는 아름다웠다.

   The sound of _____ birds was beautiful. (sing)

3. 나는 깨진 창문들을 봤다.

   I saw some _____ windows. (break)

4. 이 사진에서 웃고 있는 이 소녀는 누구야?

   Who is this _____ girl in this photo? (smile)

5. 우리는 도난당한 장신구를 찾았다.

   We found the _____ jewelry. (steal)

6. 한국은 선진국 중 하나이다.

   South Korea is one of the _____ countries. (develop)

7. 나는 떨어진 나뭇잎을 주웠다.

   I picked up some _____ leaves. (fall)

8. 그는 타고 있는 집에서 아이를 구조했다.

   He rescued a child from a _____ house. (burn)

9. 그 국수를 끓는 물에 넣어라.

   Put the noodles into the _____ water. (boil)

10. 나는 중고차를 구하는 중이다.

    I'm looking for a _____ car. (use)

[단어] 1. **damage** 손상을 주다 2. **sound** 소리 5. **jewelry** 장신구 6. **country** 국가 8. **rescue** 구조하다
9. **noodles** 국수 10. **look for** ~를 구하다

[복습] 주어진 단어를 활용하여 빈칸을 완성해 보세요.

1. 나는 이제 막 도착한 상태이다.   I've just _____. (arrive)

2. 그녀는 지금 책을 읽고 있는 중이다.   She is _____ a book now. (read)

3. 이 지갑은 프랑스에서 만들어졌다.   This wallet was _____ in France. (make)

1. 명사 + 분사의 구조

우리는 앞에서 '분사 + 명사'의 경우를 공부했죠?
이번에는 분사가 명사 뒤에서 수식하는 경우를 살펴볼게요.

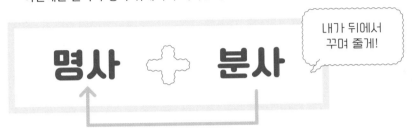

앞에서 배운 **'분사 + 명사'** 는 딱 정해진 표현이 많다면
분사가 명사를 뒤에서 꾸미는 경우는 훨씬 더 자유롭고 다양한 상황에서 쓰여요.

예문을 보며 연습해 볼게요.

> 나는 그 소녀를 알아. **I know the girl.**

위 문장에 소녀에 대한 설명을 추가해서 말하고 싶어요.

> **나는 무대에서 노래 부르고 있는 그 소녀를 알아.**

영어로 어떻게 말할까요?
'무대에서 노래 부르고 있는'이 '그 소녀'를 꾸미고 있죠?

무대에서 노래 부르다 = sing on the stage

명사를 꾸미는 역할이니
동사 sing을 그대로 쓸 수 없고요. **현재분사**로 바꿔서 명사 뒤에 써줍니다.

> **I know the girl <u>singing on the stage</u>.**

singing이 '~하고 있는' 뜻으로 **진행**을 의미하며 명사 the girl을 꾸밉니다.

또 다른 예문

저 남자가 나의 아빠야. **That man is my dad.**

여기에 아빠에 대한 설명을 덧붙여 말하고 싶어요.

설거지하고 있는 저 남자가 나의 아빠야.

영어로 어떻게 말할까요?

설거지하다 = wash the dishes

명사 That man을 꾸미기 위해 wash에 ing를 붙여 현재분사로
만들어 줍니다.

That man <u>washing the dishes</u> is my dad.

Quiz 1

다음 빈칸에 알맞은 말을 고르세요.

I know the woman _____ the windows.

(나는 창문을 청소하고 있는 그 여자를 안다.)

① clean ② cleaning

'청소하고 있는'이란 뜻으로 the woman을 꾸미기 때문에 현재분사로 써야 합니다.

정답 ②

다음 빈칸에 알맞은 말을 고르세요.

Do you know that boy _____ a bike?

(너는 자전거를 타고 있는 저 소년을 아니?)

① ride   ② riding

'자전거를 타고 있는'으로 that boy(저 소년)을 꾸미기 때문에 현재분사로 써야 합니다.

정답 ②

2. 현재분사 VS 과거분사

현재분사뿐만 아니라 과거분사도
명사 뒤에서 꾸밀 수 있어요.

단, 의미의 차이가 있는데요.
이 구조에서는 대부분 과거분사가 수동의 의미를 가지기 때문에
분사와 명사의 관계를 살펴보고
명사가 스스로 하는지 아닌지를 확인해야 합니다.

스스로 하면 능동/진행이니 **현재분사**를 쓰고요.
스스로 하지 못하면 수동이기 때문에 **과거분사**를 씁니다.

스스로 하면?
~하고 있는 ➡ 현재분사

스스로 하지 못하면?
~되어진 ➡ 과거분사

그럼 예문을 살펴볼게요.

나는 가방 한 개가 있다. **I have a bag.**

위 문장에 가방에 대한 설명을 추가하고 싶어요.

나는 이탈리아에서 만들어진 가방 한 개가 있다.

영어로 어떻게 말할까요?
'이탈리아에서 만들어진'이 '가방'를 꾸미는 구조이죠.

우선, 분사와 명사의 관계를 생각해 보세요.
가방은 스스로 만들 수 있나요?
사람에 의해서 만들어지기 때문에 수동이에요.
따라서, 과거분사 **made**로 씁니다.

I have a bag <u>made in Italy</u>.

made가 '만들어진'이란 뜻이에요.

아하
그래서 물건에
made in China라고
써져 있군요~

맞아.
'중국에서 만들어진'
이란 뜻이야

2. 현재분사 VS 과거분사

또 다른 예문을 볼게요.

나는 카드를 받았어. **I got a card.**

카드에 대해 더 자세하게 설명하고 싶어요.

나는 영어로 쓰인 카드를 받았어.

영어로 어떻게 말할까요?

카드는 스스로 쓰지 못하고 사람에 의해서 써지기 때문에
수동으로 써야 해요. write의 **과거분사형**은 written입니다.

I got a card <u>written in English</u>.

'영어로 쓰인'이 '카드'를 꾸미는 구조입니다.

Quiz 3

다음 빈칸에 알맞은 말을 고르세요.

I ate some cookies _____ by Ms. Bell.

① baking ② baked

'나는 Bell씨에 의해 구워진 쿠키를 좀 먹었다.'라는 뜻이에요. 쿠키는 스스로 굽는 것이 아니라
Ms. Bell에 의해 구워졌기 때문에 수동의 의미를 지닌 과거분사로 씁니다.

정답 ②

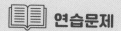

연습문제

Unit 16.

머리에 콕콕

다음 <보기>에서 알맞은 말을 골라 빈칸을 완성해 보세요.

보기	개념	특징
• washing • made • singing	분사의 형용사 역할 2	'명사 + 분사' 구조로 명사를 뒤에서 꾸밈 예) I know the girl ①_____ on the stage. (나는 무대에서 노래 부르고 있는 그 소녀를 안다.) 1) 현재분사: ~하고 있는 예) That man ②_____ the dishes is my dad. (설거지하고 있는 저 사람이 나의 아빠야.) 2) 과거분사: ~되어진 예) I have a bag ③_____ in Italy. (나는 이탈리아에서 만들어진 가방 한 개가 있다.)

정답 ① singing ② washing ③ made

문법 Talk

고딸영문법4　　　　100%

- 아빠, 분사를 명사 뒤에도 쓰네요?
- 응! 보통 꾸미는 말이 길 때 분사를 명사 뒤에서 써.
- 현재분사, 과거분사 쓰임이 맨날 헷갈려요.
- 꾸밈을 받는 명사와의 관계를 살펴봐야 해.
- 명사가 스스로 하면 현재분사 명사가 스스로 하지 못하면 과거분사
- 아하! 이제 문제를 풀어볼게요.

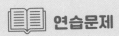 연습문제

 Unit 16.

매일 10문장

[1-3] 다음 <보기>와 같이 밑줄 친 부분이 꾸미는 명사를 쓰세요.

보기   The woman <u>playing the piano</u> is my aunt.   <u>the woman</u>

1. I bought a car <u>made in Germany</u>. _____

2. There is a cat <u>sleeping under the table</u>. _____

3. The man <u>living next door</u> always looks busy. _____

[4-10] 다음 중 어법상 알맞은 말을 고르세요.

4. The boy (talking / talked) to John is from Canada.

5. I know that girl (holding / held) a guitar.

6. I saw some photos (taking / taken) by Emma.

7. She found some letters (writing / written) by Jack.

8. The girl (sitting / sat) next me is my best friend.

9. I ate some soup (making / made) by my mom.

10. The man (wearing / worn) the blue cap is my dad.

[단어] 1. **Germany** 독일 3. **always** 항상 5. **hold** 들고 있다 8. **sit** 앉다

[복습] 다음 어법상 알맞은 말을 고르세요.

1. 노래하는 새들의 소리는 아름다웠다.   The sound of (singing / sung) birds was beautiful.

2. 나는 깨진 창문을 봤다.   I saw some (breaking / broken) windows.

3. 나는 중고차를 구하는 중이다.   I'm looking for a (using / used) car.

Unit 15 복습 TEST

128

1. 현재분사와 과거분사의 의미 차이

이번 유닛에서는
분사가 형용사로 감정을 나타내는 표현을 집중적으로 살펴볼게요.

먼저 질문. **'나는 심심해.'** 영어로 어떻게 말할까요?

① **I'm boring.**   ② **I'm bored.**

정답은?
② **I'm bored.** 예요.

왜? **bore**가 동사로 **'지루하게 만들다'**라는 뜻인데요.
현재분사와 과거분사로 만들 때 의미가 달라져요.

현재분사	boring	대상이 감정을 일으킬 때	지루하게 만드는 심심하게 하는
과거분사	bored	대상이 감정을 느낄 때	지루하게 된 심심하게 된

대상이 **감정을 일으킬 때**는 **현재분사**를 쓰고요.
대상이 **감정을 느낄 때**는 **과거분사**를 써요.

우리가 심심하다는 것은 '지루함이라는 감정을 느끼는 것'이니까 bored를 써야 해요.

만약 ① **I'm boring.** 이라고 쓰면
'나는 지루한(따분한) 사람이야. (지루함을 일으키는 사람)'라는 뜻이 됩니다.

1. 현재분사와 과거분사의 의미 차이

다음 중 알맞은 것을 고르세요.

그 영화는 지루했어.

The movie was _____.

① boring   ② bored

주어가 The movie로 영화는 사람에게 감정을 일으키기 때문에 현재분사로 써야 합니다.

정답 ①

감정을 나타내는 분사
대상이 감정을 일으키면 ➡ 현재분사
대상이 감정을 느끼면 ➡ 과거분사

엄마 ㅠㅠ
너무 헷갈려요.

헷갈리면
I'm tired.만
생각해.

헷갈릴 때는 딱 한 문장만 기억하면 됩니다.
'나는 피곤해.' 영어로 뭔가요?

I'm tired. (나는 피곤해.)

내가 피곤함을 느끼기 때문에 과거분사로 썼어요.
감정을 느낄 때는 과거분사로 쓴다고 기억하세요.

2. 감정을 나타내는 분사

감정을 나타낼 때 자주 쓰는 분사는 다음과 같아요.

현재분사: 대상이 감정을 일으킬 때	과거분사: 대상이 감정을 느낄 때
amazing (놀라게 하는)	amazed (놀란)
disappointing (실망시키는)	disappointed (실망한)
exciting (신나게 하는/흥분하게 하는)	excited (신나는/흥분한)
satisfying (만족시키는)	satisfied (만족한)
shocking (충격을 주는)	shocked (충격을 받은)
surprising (놀라게 하는)	surprised (놀란)
interesting (흥미롭게 하는)	interested (흥미 있어 하는)
moving (감동을 주는)	moved (감동한)

예문에 적용해 볼게요.

1) **The score was disappointing.** (그 점수는 실망스러웠어.)

2) **I was disappointed.** (나는 실망했어.)

1)은 주어가 The score이죠?
점수는 실망스러운 **감정을 일으키는 것**이기 때문에 **현재분사**와 씁니다.

2)는 주어 I가 실망스러운 감정을 느꼈으므로 **과거분사**와 씁니다.

2. 감정을 나타내는 분사

그럼 빈칸에는 어떤 단어를 쓸까요?
동사 surprise(놀라게 하다)를 이용해서 빈칸을 완성해봅시다.

1) 이것은 놀라운 소식이야. **This is** ①_____ **news.**

2) 나는 놀랐어. **I'm** ②_____.

1)은 '놀라운 소식'으로 분사가 news를 꾸미는 구조이죠?
news는 감정을 일으키는 것이기 때문에 **현재분사**로 씁니다.

This is surprising news.

2)는 내가 놀라움을 느낀 거죠? 따라서 **과거분사**로 씁니다.

I'm surprised.

Quiz 2

다음 중 알맞은 것을 고르세요.

그 이야기는 충격적이었어.

The story was _____.

① shocked   ② shocking

'그 이야기'는 충격적인 감정을 일으키기 때문에 현재분사로 써야 합니다.

정답 ②

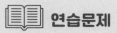 연습문제

머리에 콕콕 **Unit 17.**

다음 <보기>에서 알맞은 말을 골라 빈칸을 완성해 보세요.

보기
- shocking
- surprised
- excited

현재분사: 감정을 일으킬 때	과거분사: 감정을 느낄 때
amazing (놀라게 하는)	amazed (놀란)
disappoint (실망시키는)	disappointed (실망한)
exciting (신나게 하는/흥분하게 하는)	①_____ (신나는/흥분한)
satisfying (만족시키는)	satisfied (만족한)
②_____ (충격을 주는)	shocked (충격을 받은)
surprising (놀라게 하는)	③_____ (놀란)
interesting (흥미롭게 하는)	interested (흥미 있어 하는)
moving (감동을 주는)	moved (감동한)

정답 ① excited ② shocking ③ surprised

문법 Talk

133

매일 10문장

[1-7] 다음 괄호 안의 주어진 단어를 이용하여 문장을 완성하세요.

1. 나는 놀랐다. I'm _____. (surprise)

2. 그 강의는 지루했다. The lecture was _____. (bore)

3. 역사는 흥미로운 과목이다. History is an _____ subject. (interest)

4. 그 결과는 매우 만족스럽다. The result is very _____. (satisfy)

5. 그녀는 감동 받았다. She was _____. (move)

6. 그들은 신났다. They are _____. (excite)

7. 그 소식은 실망스러웠다. The news was _____. (disappoint)

[8-10] 다음 중 어법상 알맞은 말을 고르세요.

8. This story is (interesting / interested).

9. I'm (pleasing / pleased) to see you.

10. Your idea is (amazing / amazed).

[단어] 2. **lecture** 강의 3. **history** 역사 **subject** 과목 4. **result** 결과

[복습] 주어진 단어를 활용하여 빈칸을 완성하세요.

1. 테이블 아래에서 자고 있는 고양이 한 마리가 있다.

   There is a cat _____ under the table. (sleep)

2. 나는 엠마에 의해 찍힌 사진을 좀 봤다.

   I saw some photos _____ by Emma. (take)

3. 파란색 모자를 쓰고 있는 남자가 나의 아빠이다.

   The man _____ the blue cap is my dad. (wear)

Unit 18. 현재분사와 동명사의 차이점

1. 현재분사와 동명사

이번에는 **현재분사**와 **동명사**의 공통점과 차이점을 살펴볼게요.
현재분사와 동명사는 모두 동사원형에 ing가 붙인 것으로 형태는 똑같아요.

앗! 똑같이 생겼네요 ㅠㅠ

쓰임이 달라!

동사원형ing ➡ 현재분사, 동명사

우선, **현재분사**는 주로 **형용사** 역할을 하고요.
세트표현인 (현재)진행 시제 **<be동사 + 현재분사>**로 쓰고
다음 유닛에서 공부할 **분사구문**에도 씁니다.

반면, **동명사**는 **명사**로 **주어, 목적어, 보어 역할**을 합니다.

현재분사: 형용사 역할

동명사: 명사 역할

표로 정리해볼게요.

현재분사의 역할	동명사의 역할
형용사 (현재)진행 시제 <be동사 + 현재분사> 분사구문	명사(주어, 목적어, 보어)

문장에서 동사원형ing가
현재분사인지 동명사인지 구분하는 3가지 방법을 소개할게요.

꿀팁 1) '하는 것'이라고 해석되면? 동명사

동명사는 **명사** 역할을 하죠?
따라서 '~하는 것'이라고 해석이 되면 동명사입니다.
동명사는 명사처럼 **주어, 목적어, 보어** 자리에 탑승해요.

예문을 볼게요.

1) Reading is good for you. (책 읽는 것은 너에게 좋다.)
2) I like reading. (나는 책 읽는 것을 좋아한다.)

1)의 reading은 '책 읽는 것은'으로 해석되며 '**~은**'에 해당하는 **주어의 칸**에 탔어요.
2)의 reading은 '책 읽는 것을'으로 해석되며 '**을/를**'에 해당하는 **목적어 칸**에 탔습니다.

따라서 1), 2)의 reading은 모두 동명사입니다.

Quiz 1

다음 밑줄 친 부분이 동명사인지 현재분사인지 고르세요.

I love <u>listening</u> to music.

① 동명사   ② 현재분사

'나는 음악 듣는 것을 매우 좋아한다.'라는 뜻으로 listening이
'듣는 것을'로 목적어 칸에 탑승했기 때문에 동명사입니다.

정답 ①

두 번째는 be동사 다음에 일반동사ing가 있을 때
현재분사와 동명사를 구분하는 방법이에요.

꿀팁 2) <be동사 + 일반동사ing>로 쓸 때

~하는 중이다 → 현재분사
~하는 것이다 → 동명사

'**~하고 있는 중이다**'로 해석되면 '**진행**'을 나타내는 **현재분사**입니다.
'**~하는 것이다**'라고 해석되면 '**주격 보어**'로 **동명사**입니다.

그럼 다음 밑줄 친 부분은 동명사와 현재분사 중에 무엇일까요?

She is <u>playing</u> the piano.

해석을 해볼게요.

그녀는 피아노를 치는 중이다.

is playing이 '**~하는 중이다**'라고 해석되죠?
그러므로 진행을 나타내는 **현재분사**입니다.

Quiz 2

다음 밑줄 친 부분이 동명사인지 현재분사인지 고르세요.

My favorite hobby is <u>playing</u> soccer.

① 동명사   ② 현재분사

'내가 가장 좋아하는 취미는 축구하는 것이다.'라는 뜻입니다.
'~하는 것이다'라고 해석되면 주격 보어로 동명사입니다.

정답 ①

세 번째로, 동사원형 ing가 명사 앞에 있는 경우에도
현재분사와 동명사의 쓰임을 구분해야 합니다.

꿀팁 3) ing가 명사 앞에 있을 때

~하는 → 현재분사
~을 위한 → 동명사

'**~하는**'으로 해석되면 **형용사 역할**을 하는 **현재분사**이고요.
'**~을 위한**'으로 해석되며 명사의 용도를 나타내면 **동명사**입니다.

예를 볼게요.
다음 sleeping은 현재분사와 동명사 중에 무엇일까요?

a <u>sleeping</u> dog

자기 위한 개 (X)
자고 있는 개 (O)

'자고 있는 개'가 맞기 때문에 sleeping은 **현재분사**입니다.

그럼 다음 밑줄 친 sleeping은
현재분사일까요, 아니면 동명사일까요?

a <u>sleeping</u> bag

자고 있는 가방 (X)
자기 위한 가방 (O)

'~하는'이라고 해석되면 현재분사
'**~하기 위한**'이라고 해석되면 **동명사**이죠?

'자기 위한 가방' 즉, **침낭**이기 때문에 **동명사**입니다.

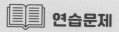 **연습문제**

Unit 18.

머리에 콕콕

다음 <보기>에서 알맞은 말을 골라 빈칸을 완성해 보세요.

보기
▪ ~하는
▪ 동명사
▪ 현재분사

개념	특징
현재분사와 동명사의 차이점	현재분사: 형용사, (현재)진행 <be동사 + 현재분사>, 분사구문의 역할
	동명사: 명사(주어, 목적어, 보어)의 역할
구분하는 방법	1) '~하는 것' → ①_____
	2) <be동사 + 일반동사ing>로 쓸 때 : ~하는 중이다 → ②_____ : ~하는 것이다 → 동명사
	3) ing가 명사 앞에 있을 때 : ③_____ → 현재분사 : ~을 위한 → 동명사

정답 ① 동명사 ② 현재분사 ③ ~하는

문법 Talk

고딸영문법4 100%

엄마! 현재분사와 동명사를 구분하는 법이 헷갈려요!

똑같이 생겨서 쓰임을 따져봐야 해.

'~하는 것'으로 명사처럼 해석되면 동명사야.

만약 명사 앞에 있을 때는요?

'~하는'이라고 해석되면 현재분사
'~을 위한'이라고 해석되면 동명사

아하~

Unit 18.

매일 10문장

[1-10] 다음 문장의 우리말 해석을 쓰고 밑줄 친 부분의 쓰임을 고르세요.

1. It's <u>snowing</u> now.　　　　　　[동명사, 현재분사]

　　_____

2. I like <u>dancing</u>.　　　　　　　　[동명사, 현재분사]

　　_____

3. He is <u>playing</u> tennis.　　　　　　[동명사, 현재분사]

　　_____

4. We are <u>having</u> dinner.　　　　　[동명사, 현재분사]

　　_____

5. My bad habit is <u>getting</u> up late.　[동명사, 현재분사]

　　_____

6. <u>Walking</u> is a good exercise.　　　[동명사, 현재분사]

　　_____

7. My favorite hobby is <u>painting</u>.　　[동명사, 현재분사]

　　_____

8. Look at the <u>sleeping</u> dog!　　　　[동명사, 현재분사]

　　_____

9. I bought a pair of <u>running</u> shoes.　[동명사, 현재분사]

　　_____

10. They went to the <u>swimming</u> pool.　[동명사, 현재분사]

　　_____

[단어] 5. **habit** 습관 6. **exercise** 운동 7. **favorite** 가장 좋아하는 **paint** (물감으로) 그리다 9. **a pair of** 한 켤레

Unit 17 복습 TEST

[복습] 다음 주어진 우리말에 일치하도록 어법상 알맞은 말을 고르세요.

1. 그 강의는 지루했다.　　　　The lecture was (boring / bored).

2. 그 결과는 매우 만족스럽다.　The result is very (satisfying / satisfied).

3. 그녀는 감동 받았다.　　　　She was (moving / moved).

Unit 19. 부사절과 분사구문

1. 부사절이란?

이번 유닛에서는 분사구문에 대해 알아볼텐데요.
분사구문을 이해하기 위해서는 **부사절**의 개념을 알아 둬야 해요.

부사절은 뭘까요?
우리 앞에서 배운 부사를 떠올리면 됩니다. [1권 Unit 25]

부사: 부연 설명해 주는 말

부사는 문장에 있어도 없어도 되는 말로
단순히 추가 정보를 제공해요.

그럼 절은 뭘까요?
절이란 **주어와 동사**가 있는 말의 뭉치예요.

즉 **부사절**이란 <접속사 + 주어 + 동사>가
통째로 부사 역할을 하는 것을 의미해요.

부사절: <접속사 + 주어 + 동사~>가 부사 역할을 하는 것

엄마 접속사가
뭐였죠?

문장과 문장을
이어주는 말이야.

2권 Unit 27
복습하고 오렴~

부사절은 문장에서 **시간, 이유 등**을 나타내는데요.
주로 다음 접속사들이 부사절을 이끕니다.

부사절 이끄는 접속사

when(~할 때)   **while**(~하는 동안에)   **as**(~하면서)   **after**(~후에)
because(왜냐하면)   **although**(비록 ~일지라도) 등등

예문을 볼게요.

When I was in Australia, I saw some kangaroos.

(내가 호주에 있었을 때, 나는 캥거루 몇 마리를 보았다.)

이 문장에서 부사절은 무엇일까요?

접속사 when이 속해 있는 절,
즉 when에서 쉼표가 있는 부분까지를
부사절이라고 해요.

접속사를 문장 맨 앞에 쓸 경우에는
그 절 끝에 쉼표를 찍어서 부사절이라는 영역을 표시해 줍니다.

<u>When I was in Australia</u>, I saw some kangaroos.
부사절

여기까지가 부사절

부사절 When I was in Australia는 '내가 호주에 있었을 때'라는 뜻으로
시간 정보를 제공하고 있어요.

여기서 부사절의 특징 두 가지를 확인할게요.

첫째, 부사절은 지워도 나머지 절은 문법상 완전한 문장

부사절을 지워볼게요.

~~When I was in Australia,~~ I saw some kangaroos.

부사절은 단순히 부가적인 정보이기 때문에
부사절을 모두 지워도 남은 절은 문법상 **완전한 문장**이 됩니다.

I saw some kangaroos.
(나는 캥거루 몇 마리를 보았다.)

둘째, 부사절은 완전한 문장 앞 또는 뒤에 씀

부사절은 완전한 문장 앞 또는 뒤에 모두 쓸 수 있어요.

1) When I was in Australia, I saw some kangaroos.
부사절

2) I saw some kangaroos when I was in Australia.
부사절

1)처럼 **앞에 쓸 때**는 부사절 다음에 영역 표시로 쉼표를 붙이고요.
2)처럼 **뒤에** 쓸 때는 쉼표 없이 그냥 써줍니다.

Quiz 1

다음 문장에서 부사절을 찾아 밑줄 그어 보세요.

Although it was raining, they played soccer.

(비록 비가 내리고 있었지만, 그들은 축구를 했다.)

접속사 Although부터 쉼표까지가 부사절입니다.

정답 Although it was raining,

부사절이 있는 문장은 **분사**를 이용하면 문장을 짧고 간단하게 만들 수 있어요.

부사절을 짧게 줄이는 방법
1단계: 접속사 지우기
2단계: 주어가 같으면 지우기
3단계: 동사에 ing 붙이기

예문을 보면서 개념을 잡아볼게요.

<u>Because he has an exam tomorrow</u>, he is studying.

(그는 내일 시험이 있기 때문에, 그는 지금 공부하는 중이다.)

부사절은 Because부터 쉼표까지이죠?
그럼 3단계를 적용해서 문장을 짧고 간단하게 만들어 봅시다.

1단계: 접속사 지우기

접속사 Because를 지워봅니다.

~~Because~~ he has an exam tomorrow, he is studying.

나는 접속사! 빠이빠이

2단계: 주어가 같으면 지우기

부사절 주어도 he이고, 남아 있는 절에 있는 주어도 he로 똑같죠?
똑같으니까 두 번 써줄 필요가 없어요.
부사절에 있는 주어를 지웁니다.

~~Because he~~ has an exam tomorrow, he is studying.

뒤에 he가 또 있네? 똑같으니까 빠이빠이

3단계: 동사에 ing 붙이기

접속사와 주어가 사라지고 동사만 덩그러니 남아있어서 매우 어색한데요.

~~Because he~~ has an exam tomorrow, he is studying.

나 당황스럽거든? ing 붙여 줘~

주어가 생략되었으니 이를 티 내기 위해
동사에 ing를 붙여줍니다.

has의 동사원형 have에 ing를 붙이면 having이 됩니다.

Having an exam tomorrow, he is studying.

ing가 붙으니 안심이야.

그럼 한 눈에 두 문장을 비교해 볼게요.

1) **Because he has an exam tomorrow, he is studying.**

2) **Having an exam tomorrow, he is studying.**
(내일 시험이 있어서, 그는 공부하고 있는 중이다.)

1)의 부사절의 Because he has 부분이
2)에서는 Having 딱 한 마디로 짧아졌죠?
2)처럼 분사로 시작하는 말의 뭉치를 **분사구문**이라고 합니다.

분사구문
분사로 시작하는 말뭉치가
완전한 문장에 추가 정보를 제공하는 것

분사구문은 부사절처럼 문장 앞이나 뒤에 붙어 **추가 정보**를 전달해 주지만,
분사로 시작한다는 점이 부사절과 달라요.

그럼 또 연습을 해볼게요.

다음 문장을 분사구문으로 바꿔봅시다.

아 ㅠㅠ 모르겠다.

As I failed to study, I couldn't answer the question.
(나는 공부를 하지 못해서, 나는 그 질문에 답을 할 수 없었다.)

3단계 그대로 적용해 볼게요.

먼저 **접속사 As 삭제**하고요.

~~As~~ I failed to study, I couldn't answer the question.

부사절과 남아 있는 절의 주어가 둘 다 I로 같죠?
따라서 **접속사 뒤에 있는 I도 삭제**합니다.

~~As I~~ failed to study, I couldn't answer the question.

마지막으로
덩그러니 남은 failed에 ing만 붙여주면 되는데요.
동사원형 fail에 ing를 붙여 **failing**으로 쓰면 됩니다.

Failing to study, I couldn't answer the question.
(공부를 하지 못해서, 나는 그 질문에 답을 할 수 없었다.)

Quiz 2

다음 두 문장이 같은 뜻이 되도록 빈칸에 알맞은 말을 쓰세요.

돈이 없기 때문에, 나는 그 티켓을 살 수 없었다.

Because I had no money, I couldn't buy the ticket.

= _____ **no money, I couldn't buy the ticket.**

부사절을 분사구문을 바꾸는 문제입니다. 접속사 Because를 삭제하고,
주어 I 가 같으니 삭제한 후 동사 had의 동사원형 have에 ing를 붙이면 분사구문이 됩니다.

정답 Having

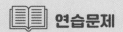
머리에 콕콕

Unit 19.

다음 <보기>에서 알맞은 말을 골라 빈칸을 완성해 보세요.

보기	개념	특징
• because • 접속사 • 주어	부사절	<접속사 + 주어 + 동사~>가 통째로 부사 역할을 하는 것
		부사절을 이끄는 ①_____ when(~할 때), while(~하는 동안에), as(~하면서), after(~후에), ②_____ (왜냐하면), although(비록 ~일지라도)
	부사절을 분사구문으로 만드는 방법	부사절을 짧게 줄이는 방법 1단계: 접속사 지우기 2단계: ③_____가 같으면 지우기 3단계: 동사에 ing 붙이기
		예) Because he has an exam tomorrow, he is studying. → Having an exam tomorrow, he is studying. (내일 시험이 있어서, 그는 공부하는 중이다.)

정답 ① 접속사 ② because ③ 주어

문법 Talk

매일 10문장

Unit 19.

[1-3] 다음 문장에서 부사절에 밑줄 그어 보세요.

1. When she called me, I was taking a shower.

2. I didn't go to work because I was sick.

3. I usually read books before I sleep.

[4-6] 다음 두 문장의 의미가 같도록 빈칸을 완성하세요.

4. Because she studied hard, she passed the test.

= _____ hard, she passed the test.

5. As he failed to save the file, he lost it.

= _____ to save the file, he lost it.

6. Because I had no umbrella, I had to wait inside.

= _____ no umbrella, I had to wait inside.

[7-10] 다음 우리말에 알맞도록 주어진 단어를 활용하여 빈칸을 완성하세요.

7. 걱정이 되어서, 나는 그를 방문했다.

_____ worried, I visited him. (feel)

8. 드레스를 입고, 그녀는 공주인 척 했다.

_____ a dress, she pretended to be a princess. (wear)

9. 소파에 앉아서, 그들은 같이 책을 읽었다.

_____ on the sofa, they read books together. (sit)

10. 집에 도착했을 때, 나는 고양이가 자고 있는 것을 봤다.

_____ home, I saw the cat sleeping. (arrive)

[단어] 1. **take a shower** 샤워하다 2. **work** 직장 5. **save** 저장하다 6. **inside** 안에서 8. **pretend** ~하는 척하다

[복습] 주어진 단어를 활용하여 빈칸을 완성하세요.

1. 그는 테니스를 치는 중이다.　　　　He is _____ tennis. (play)

2. 나의 나쁜 습관은 늦게 일어나는 것이다.　　My bad habit is _____ up late. (get)

3. 나는 운동화 한 켤레를 샀다.　　　　I bought a pair of _____ shoes. (run)

Unit 18 복습 TEST

1. 분사구문의 해석

사실 분사구문은 구어체보다는
문학 작품, 학문, 기사와 같은 글에서 많이 쓰는데요.

비교적 앞뒤 문맥이 명확한 상황에서 쓰기 때문에
문맥에 맞게 다음과 같이 자연스럽게 해석해주면 됩니다.

분사구문 해석

~해서, ~하면서, ~할 때, ~ 한 후에, ~하기 때문에,
~하는 동안, 비록 ~일지라도

Hearing the news, he was relived.

위 문장에서 분사구문은 Hearing the new이죠?
He was relived(그는 안도했다.)에 대한
추가 설명이니 자연스럽게 해석하면 됩니다.

그 소식을 듣고, 그는 안도했다.

또 다른 예문을 볼게요.

Feeling tired, I went to sleep early last night.

Feeling tired가 분사구문이에요.
I went to sleep early last night. (나는 어젯밤에 일찍 잤어.)

왜 일찍 잤을까요? 피곤해서!

피곤해서, 나는 어젯밤에 일찍 잤다.

의미만 통하게 해석하면 됩니다.

아빠~
접속사 의미를
명확하게 알게 하는
방법은 없을까요?

있어!
접속사를 쓰면 돼.

만약 분사구문을 사용할 때
듣는 사람이 정확하게 접속사 의미를 파악하면 좋겠다 싶으면
접속사를 살려주면 됩니다.

1. 분사구문의 해석

예문을 볼게요.

After having lunch, I will go shopping.

having lunch가 분사구문이죠?
뜻을 명확하게 하기 위해서 접속사 after를 분사 앞에 붙여 주었어요.
after는 '~후에'라는 뜻이죠? 해석이 더욱 명확해집니다.

점심을 먹은 후에, 나는 쇼핑을 갈 것이다.

또 다른 예문을 볼게요.

While watching a movie, he ate some popcorn.

원래 watching 분사구문으로 시작해도 되는 문장인데
분사 앞에 while이 붙어 있어요.
while은 '~하는 동안'이란 뜻이니
명확하게 해석할 수 있어요.

영화를 보는 동안, 그는 팝콘을 조금 먹었다.

그럼 다음 빈칸을 완성해볼까요?

런던으로 이사간 후에 나는 친구들을 좀 사귀었다.

1) [부사절] **After I moved to London, I made some friends.**

2) [분사구문] _____ **to London, I made some friends.**

3) [접속사 + 분사구문] _____ _____ **to London, I made some friends.**

1) 부사절 구조로 접속사 After가 주어 I, 동사 moved를 데리고 오는 구조예요.

2) 분사구문으로 move에 ing를 붙여 Moving이라고 써야 합니다.

2) Moving to London, I made some friends.

3) <접속사 + 분사구문> 구조로 분사구문에서
접속사의 의미를 살리고 싶을 때 접속사를 맨 앞에 쓴다고 했죠?

맨 앞에 접속사 After를 썼어요.

3) After moving to London, I made some friends.

그럼 배운 내용 정리해볼게요.

1) 부사절, 주어 + 동사
2) 분사, 주어 + 동사
3) 접속사 + 분사, 주어 + 동사

이런 구조로 문장을 만들 수 있어요.

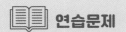

머리에 콕콕

Unit 20.

다음 <보기>에서 알맞은 말을 골라 빈칸을 완성해 보세요.

보기
▪ 분사
▪ 부사절
▪ ~하기 때문에

개념	특징
분사구문 해석	~해서, ~하면서, ~할 때, ~ 한 후에 ① _____ , ~하는 동안, 비록 ~일지라도
	예) Feeling tired, I went to sleep early last night. (피곤해서, 나는 어젯밤에 일찍 잤다.)
부사절과 분사구문 구조	1. ② _____ , 주어 + 동사 2. 분사, 주어 + 동사 3. 접속사 + ③ _____ , 주어 + 동사

정답 ① ~하기 때문에 ② 부사절 ③ 분사

문법 Talk

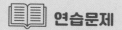

매일 10문장

Unit 20.

[1-4] 다음 문장의 우리말 해석을 쓰세요.

1. Walking home, she fell over a stone.

   _____

2. Eating ice cream, he walked happily.

   _____

3. Before going to work, I had breakfast.

   _____

4. While chopping meat, I cut my finger.

   _____

[5-10] 다음 중 어법상 알맞은 것을 고르세요.

5. When I ❨ ride / riding ❩ a bike, I wear a helmet.

6. ❨ Hold / Holding ❩ an umbrella, she danced.

7. While ❨ wait / waiting ❩ for you, I had coffee.

8. After I ❨ finished / finishing ❩ my homework, I played the computer game.

9. ❨ Arrive / Arriving ❩ home late, she ordered a pizza.

10. After she ❨ graduated / graduating ❩ from university, she became a scientist.

[단어] 1. **fall over** ~에 걸려 넘어지다 4. **chop** 썰다 **cut** 베다 **finger** 손가락 5. **helmet** 헬멧
9. **arrive** 도착하다 **order** 주문하다 10. **graduate from** ~를 졸업하다 **scientist** 과학자

Unit 19 복습 TEST

[복습] 다음 괄호 안의 단어를 활용하여 분사구문을 완성하세요.

1. 공부를 열심히 해서, 그녀는 시험에 합격했다.

   _____ hard, she passed the test. (study)

2. 파일을 저장하지 못해서, 그는 그것을 잃어버렸다.

   _____ to save the file, he lost it. (fail)

3. 걱정이 되어서, 나는 그를 방문했다.

   _____ worried, I visited him. (feel)

Unit 21. 종합 TEST

A. 다음 문제를 풀어 보세요.

1 다음 중 빈칸에 알맞은 것을 고르세요.

> I saw the _____ cat.

① sleep   ② sleeping

③ slept   ④ to sleep

[2-4] 다음 중 올바른 것을 고르세요.

2 I'm looking for a (used / using) car.

3 The thief was (catching / caught) yesterday.

4 I like the desk (making / made) by Jack.

5 다음 중 <보기>의 우리말을 영어로 바르게 옮긴 것을 고르세요.

> <보기> 나는 자전거를 타고 있는
> 그 소년을 안다.

① I know the boy ride a bike.

② I know the boy rode a bike.

③ I know the boy riding a bike.

④ I know the boy ridden a bike.

6 다음 밑줄 친 표현이 동명사인 것을 고르세요.

① They are <u>swimming</u>.

② He is <u>jumping</u> on the bed.

③ I love <u>reading</u> books.

④ Look at the <u>crying</u> baby.

7 다음 중 빈칸에 들어갈 수 <u>없는</u> 것을 고르세요.

> The movie was _____.

① disappointing   ② bored

③ surprising   ④ shocking

8 다음 <보기>의 문장과 바꿔 쓸 수 있는 것을 고르세요.

> <보기> Because she has an exam
> tomorrow, she is studying.

① Have an exam tomorrow, she is studying.

② Had an exam tomorrow, she is studying.

③ Having an exam tomorrow, she is studying.

④ She has an exam tomorrow, she is studying.

[9-10] 다음 두 문장이 같은 뜻이 되도록 빈칸에 알맞은 말을 쓰세요.

9 As I felt hungry, I cooked noodles.

= _____ hungry, I cooked noodles.

10 Before she went to bed, she read a book.

= Before _____ to bed, she read a book.

B. 다음 주어진 단어를 활용하여 빈칸을 완성하세요.

1 나는 이미 케이크를 조금 구운 상태이다.

I've already _____ some cake. (bake)

2 그녀는 그녀의 숙제를 하고 있는 중이다.

She is _____ her homework. (do)

3 바닥에 깨진 유리잔이 있다.

There is a _____ glass on the floor. (break)

4 그는 아기를 안고 있는 여자와 이야기했다.

He talked to the woman _____ a baby in her arms. (hold)

5 이것들이 존에 의해 찍힌 사진들이다.

These are the photos _____ by John. (take)

6 나는 영어로 쓰인 편지를 받았다.

I got a letter _____ in English. (write)

7 그 결과는 실망스러웠다.

The result was _____. (disappoint)

8 그녀는 열심히 공부했기 때문에, 시험에 합격했다.

Because she _____ hard, she passed the test. (study)

9 돈이 없어서, 나는 자전거를 살 수 없었다.

_____ no money, I couldn't buy a bike. (have)

10 학교에 가기 전에, 그는 뉴스를 본다.

Before _____ to school, he watches the news. (go)

1. 관계대명사란?

지금부터는 **관계대명사**에 관해서 공부해 볼게요.
관계대명사는 **형용사**처럼 **명사**를 자세히 설명하고 싶을 때 써요.

대표적인 관계대명사로는 **who, which, whose, that** 등이 있는데요.
꾸미고 싶은 **명사 뒤**에 딱 붙여 씁니다.

명사야, 내가 형용사처럼
너를 꾸며줄게.

명사 ✛ 관계대명사

예를 들어볼게요.
여기 두 문장이 있어요.

I saw the girl. She lives next door.

(나는 그 소녀를 보았다. 그녀는 옆집에 산다.)

이 두 문장을 연결해서
한 문장으로 the girl에 대해 자세히 말할 수 있어요.

어떻게?

바로 이렇게요.

I saw the girl who lives next door.

나만 믿어!
난 연결고리 역할을 하는 관계대명사야.

여기서 **who**가 바로 **관계대명사**예요.
두 문장을 한 문장으로 이어주면서
명사 the girl을 꾸미는 역할을 합니다.

그럼 관계대명사가 있는 문장은 어떻게 해석할까요?
who lives next door가 통째로 명사 **the girl**을 꾸미는 구조가 되었죠?

who lives next door를 형용사처럼
'~하는'이라고 해석하면 됩니다.

나는 옆집에 사는 그 소녀를 보았다.

여기서 꿀팁!

관계대명사가 있는 문장은 보통 길기 때문에
관계대명사 앞에서 끊어서 해석하면 이해하기 쉬워져요.

I saw the girl / who lives next door.

(나는 그 소녀를 보았다 / 옆집에 사는)
나는 옆집에 사는 그 소녀를 보았다.

1. 관계대명사란?

다음 문장에서 관계대명사를 찾아 밑줄 그어 보세요.

I met some people who are from Canada.

(나는 캐나다에서 온 몇몇 사람들을 만났다.)

관계대명사는 who로 두 문장을 이어주는 역할을 합니다.

정답 who

다음 문장을 해석해보세요.

I talked to the girl who sat next to me.

= _____

who sat next to me가 the girl을 꾸미는 구조로 '~하는'으로 해석하면 됩니다.
'나는 그 소녀에게 이야기했다/ 내 옆에 앉은'으로 해석합니다.

정답 나는 내 옆에 앉은 그 소녀에게 이야기했다.

2. 관계대명사 문장을 만드는 방법

관계대명사를 사용해서 문장을 이어주는 연습을 해볼게요.

관계대명사 문장을 만들 때는
다음 세가지 법칙을 따르면 됩니다.

관계대명사 문장 만드는 방법
1) 공통 대상 찾기
2) 중복 표현 삭제 하기
3) 관계대명사로 이어주기

예문을 보면서 차근차근 적용해 봅시다.

1. 공통 대상 찾기

두 문장의 공통 대상은 뭘까요?

Merci.

① **I have a friend.**
(나는 친구가 한 명 있다.)

② **He speaks French.**
(그는 불어를 말한다.)

두 문장 모두 친구에 대한 이야기를 하고 있어요.
②문장에 있는 He가 의미하는 대상은 ①의 a friend예요.

① **I have a friend.**   ② **He speaks French.**

a friend

2. 중복 표현 삭제하기

같은 말을 두 개나 쓸 필요 없어요.
a friend는 꾸밈을 받는 명사이니 그대로 두고
중복되는 표현 He를 삭제합니다.

① **I have a friend.**   ② ~~**He**~~ **speaks French.**

삭제

3. 관계대명사로 이어주기

관계대명사가 두 문장을 이어주면 됩니다.

나만 믿어.
내가 너 대신 쓰고 관계를 이어줄게.

who

① **I have a friend.** ② **He speaks French.**

관계대명사 who가
He 대신 쓰면서 두 문장을 이어줍니다.

그럼 관계대명사로 이어진 문장을 확인해 볼게요.

I have a friend. He speaks French.

I have a friend who speaks French.

who speaks French가
앞에 있는 명사 a friend를 꾸미는 구조로, '**~하는**'으로 해석합니다.

나는 불어를 말하는 친구가 한 명 있어.

아하~
관계대명사는
대명사 역할도 하고
관계를 이어주는
역할도 하는 군요~

맞아!
두 가지 역할을 해.

여기서 문법 용어 두 가지
'선행사, 관계대명사절'을 소개할게요.

앞 예문에서 a friend는 관계대명사 앞에서 꾸밈을 받는 명사이죠?

I have <u>a friend</u> who speaks French.
선행사

문법 용어로 **선행사**라고 부릅니다.

선행이란 말이
너무 어려워요.

선행은 앞에 있다는
뜻이야. 선행 학습을
떠올려 봐~

선행사

관계대명사 앞에서 꾸밈을 받는 명사

선행사 뒤에 관계대명사 who가 이끄는 말의 뭉치
who speaks French를 통째로 **관계대명사절**이라고 부릅니다.

I have a friend <u>who speaks French</u>.
관계대명사절

관계대명사절

관계대명사가 이끄는 말의 뭉치

선행사 다음에 바로 관계대명사절을 쓴다는 것을 기억하세요.

다음 두 문장을 한 문장으로 만들어 볼까요?

나는 그를 믿지 않아.

I don't believe the man. He called me last night.

(나는 그 남자를 믿지 않는다. 그는 어젯밤에 나에게 전화했다.)

앞에서 배운 법칙을 그대로 적용해 봅시다.

관계대명사 문장 만드는 방법
1) 공통 대상 찾기
2) 중복 표현 삭제 하기
3) 관계대명사로 이어주기

먼저, **공통 대상**을 찾아볼게요.

① **I don't believe the man.**　② **He called me last night.**

the man

②의 He가 지칭하는 대상이 ①의 the man이죠?
두 문장 모두 the man에 대해서 이야기하고 있어요.

두 번째로, **중복표현을 삭제**할게요.

① **I don't believe the man.**　② ~~**He**~~ **called me last night.**

삭제

중복되는 말 대명사 He를 삭제합니다.

이제 마지막 단계, **관계대명사**로 이어주면 됩니다.

> 내가 He 대신 쓰고
> 앞에 the man이랑 이어줄게.

I don't believe the man who called me last night.

해석은요?

I don't believe the man who called me last night.

(나는 그 남자를 믿지 않는다 / 어젯밤에 나에게 전화한)

나는 어젯밤에 나에게 전화한 그 남자를 믿지 않는다.

관계대명사절 who call me last night이 선행사 the man을 꾸미고 있죠?
관계대명사절을 통째로 '~하는'으로 해석하면 됩니다.

Quiz 3

다음 빈칸에 알맞은 말을 고르세요.

That's the boy _____ gave me this book.

(저 애가 나에게 이 책을 준 소년이다.)

① who   ② he

한 문장으로 the boy를 설명하는 문장으로 관계대명사절 who gave me this book이 the boy를 꾸미는
구조입니다. 만약 ② he를 쓰는 경우에는 두 문장으로 써야 합니다. That's the boy. He gave me this book.

정답 ①

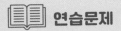 연습문제

Unit 22.

머리에 콕콕 다음 <보기>에서 알맞은 말을 골라 빈칸을 완성해 보세요.

보기

- 선행사
- ~하는
- who

개념	특징
관계대명사	관계를 이어주는 대명사
	예) I saw the girl ①_____ lives next door. (나는 옆집에 사는 그 소녀를 보았다.)
②_____	관계대명사 앞에서 꾸밈을 받는 명사
관계대명사절	관계대명사가 이끄는 말의 뭉치로 ③_____으로 해석
관계대명사 문장 만드는 방법	1. 공통 대상 찾기 2. 중복 표현 삭제 하기 3. 관계대명사로 이어주기

정답 ① who ② 선행사 ③ ~하는

문법 Talk

📶 고딸영문법4　　　　100% 🔋

관계대명사는 뭘까?

관계를 이어주는 대명사요.

짝짝짝! 그럼 선행사는?

관계대명사 앞에 나오는 명사요!

맞아. 관계대명사절 해석은?

~하는

정말 잘 했어! 👍

➕ 　　　　　　　　　　😊 #

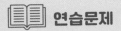

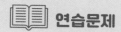

Unit 22.

매일 10문장

[1-5] 다음 문장의 우리말 해석을 쓰세요.

1. That's the man who helped me. _____

2. I don't like the boy who lied to me. _____

3. I saw a girl who sings really well. _____

4. This is the student who won the race. _____

5. Look at the kids who are dancing. _____

[6-10] 다음 두 문장을 관계대명사 who를 이용하여 한 문장으로 만들어보세요.

6. I know a woman. She can teach you English.

   = I know a woman _____ .

7. That's the artist. He painted this picture.

   = That's the artist _____ .

8. I met a woman. She studies plants.

   = I met a woman _____ .

9. That's the man. He repaired my car.

   = That's the man _____ .

10. I talked to a woman. She works at the airport.

   = I talked to a woman _____ .

[단어] 2. **lie** 거짓말 하다 4. **won** 이겼다 [**win** 이기다] **race** 경주 7. **artist** 화가 8. **plant** 식물 9. **repair** 수리하다 10. **airport** 공항

[복습] 괄호 안의 단어를 활용하여 빈칸을 완성하세요.

1. 우산을 들고 그녀는 춤을 췄다.

   _____ an umbrella, she danced. (hold)

2. 너를 기다리는 동안에 나는 커피를 마셨다.

   While _____ for you, I had coffee. (wait)

3. 자전거를 탈 때 나는 헬멧을 쓴다.

   When I _____ a bike, I wear a helmet. (ride)

1. 관계대명사의 격

관계대명사가 who 한 가지만 있으면 정말 좋을 텐데요.
선행사가 사람일 때 관계대명사는 격에 따라
who, whose, who(m)을 씁니다.

> ## 관계대명사의 격
> ## who, whose, who(m)

관계대명사의
격은 뭐예요?

대명사의
격을 떠올려봐.

관계대명사의 격은 어렵게 생각하지 않아도 돼요.
대명사를 공부할 때 배웠던
주격, 소유격, 목적격 개념을 떠올리면 됩니다. [1권 Unit 9]

주격	소유격	목적격
I(나는)	**my**(나의)	**me**(나를)

모두 '나'에 대한 말이지만
주격으로 쓸 때, 소유격으로 쓸 때, 목적격으로 쓸 때
I, my, me로 형태가 달라졌어요.

관계대명사의 격도 똑같아요.

주격 관계대명사	소유격 관계대명사	목적격 관계대명사
who	whose	who(m)

모두 선행사를 수식하는 역할은 같지만
어떤 격으로 쓰는지 따라 관계대명사의 형태가 **who, whose, who(m)**으로 달라집니다.
하나씩 살펴볼게요.

2. 주격 관계대명사 who

주격 관계대명사는
관계대명사절에서 **주어 역할**을 하면서 **관계를 이어주는 말**이에요.
바로 앞에서 공부한 예문을 다시 확인해 볼게요.

---

1) I have a friend. He speaks French.

2) I have a friend who speaks French.

(나는 불어를 말하는 친구가 한 명 있어.)

---

2)에 있는 who가 뭘 대신해서 썼죠?
1)에서 He를 대신해서 썼어요.

대명사 He는 '**그는**'이란 뜻으로 문장에서 주어 역할을 하는 **주격 대명사**이죠?
who는 He 대신 쓰면서 관계를 이어주기 때문에
주격 관계대명사입니다.

소유격 관계대명사는 **whose**로
관계대명사절에서 대명사의 소유격 역할을 하면서
두 문장의 관계를 이어주는 말입니다.

예문을 볼게요.
다음 문장을 한 문장으로 연결해 봅시다.

I know a boy. His father is a teacher.

(나는 한 소년을 안다. 그의 아버지는 교사이다.)

앞에서 배웠던 3단계를 그대로 적용하면 되어요.

관계대명사 문장 만드는 방법
1) 공통 대상 찾기
2) 중복 표현 삭제 하기
3) 관계대명사로 이어주기

1단계부터 적용해 볼게요.
먼저 **공통 대상**을 찾아야겠죠?

① **I know a boy.** ② **His father is a teacher.**

a boy

①, ② 문장 모두 a boy에 대한 이야기예요.
②의 소유격 His가 가리키는 대상은 명사 a boy입니다.

두 번째 단계!
같은 말을 두 번이나 쓸 필요가 없죠?
a boy는 꾸밈을 받는 명사이니 그대로 두고
중복되는 표현 His를 삭제합니다.

① **I know** a **boy.** ② **His father is a teacher.**

삭제

마지막 단계로 두 문장을 이어주면 되는데요.
소유격 His를 대신하면서 문장을 이어주는 관계대명사는?
바로 소유격 관계대명사 **whose**예요.

내가 소유격 His 대신 쓰고
관계를 이어줄게.

whose

① **I know** a **boy.** ② ~~His~~ **father is a teacher.**

His 대신에 whose를 쓰며
두 문장을 한 문장으로 만들었어요.

¹⁾ **I know a boy. His father is a teacher.**

²⁾ **I know a boy whose father is a teacher.**

3. 소유격 관계대명사 whose

해석은 어떻게 할까요?

I know <u>a boy</u> whose father is a teacher.

(나는 한 소년을 안다 / 아버지가 교사인)

나는 아버지가 교사인 한 소년을 안다.

관계대명사절 whose father is a teacher가 선행사 a boy를 꾸미기 때문에
'~하는'으로 해석하면 됩니다.

다음 빈칸에 알맞은 관계대명사를 고르세요.

That's the woman. Her bag was stolen.

= That's the woman _____ bag was stolen.

(저 사람이 가방을 도난당한 여자이다.)

① who   ② whose

소유대명사 Her 대신 쓰면서 두 문장의 관계를 이어주는 관계대명사는 whose입니다.   정답 ②

4. 목적격 관계대명사 who, whom

목적격 관계대명사는 who 또는 **whom**으로
관계대명사절에서 목적어 역할을 하면서 두 문장의 관계를 이어주는 말이에요.

who는 일반적인 대화에서나 글에 많이 쓰고요.
whom은 매우 공식적인 글이나 스피치에 써요.

일상회화 → who
공식적인 글 → whom

다음 두 문장을 한 문장으로 만들어 볼게요.

I met the woman. You recommended her.

(나는 그 여자를 만났다. 너는 그녀를 추천했다.)

먼저 **공통으로 말하는 대상**을 찾아봅시다.

① **I met the woman.** ② **You recommended her.**

the woman

②의 her가 ①의 the woman을 지칭하고 있어요.

중복되는 표현은 삭제해도 되겠죠?
선행사가 될 the woman은 두고 대명사 her를 삭제합니다.

① **I met the woman.** ② **You recommended ~~her.~~**

삭제

목적어 her를 대신하면서
선행사(the woman)를 이어줄 관계대명사가 필요한데요.

바로 목적격 관계대명사 who 또는 **whom**을 쓰면 됩니다.

내가 her 대신 쓰고
이어줄게!

who(m)

① **I met the woman.**   ② **You recommended** ~~her~~.

이때 주의할 점이 있어요.
her 대신 who(m)를 쓰지만
who(m)를 문장 끝에 두지 않고
선행사 the woman 뒤에 딱 붙어 써야 해요.

이동! 난 선행사 뒤에
딱 붙어 있을래.

I met the woman who(m) you recommended.

관계대명사절 who(m) you recommended가
선행사 the woman을 꾸미는 구조가 됩니다.

I met the woman who(m) you recommended.

(나는 그 여자를 만났다 / 네가 추천한)

나는 네가 추천한 그 여자를 만났다.

해석은 다른 관계대명사절하고 똑같아요.
관계대명사절이 선행사를 수식하니
통째로 '**~하는**'으로 해석하면 됩니다.

우리는
선행사 꾸미기 담당

선행사 ⟡ 관계대명사절

관계대명사 이동까지 신경쓰려니 헷갈리죠?
다른 예문을 볼게요.

That's the girl. I saw her in the park.
(저 애가 그 소녀이다. 나는 그녀를 공원에서 봤다.)

어떻게 관계대명사로 이어줄까요?

① **That's the girl.**   ② **I saw her in the park.**

the girl

her가 지칭하는 명사가 the girl이에요.
목적어 her 대신 쓰면서 두 문장을 이어주는 관계대명사는 who나 whom이죠?
관계대명사는 선행사 뒤에 꼭 붙여 씁니다.

난 선행사 the girl 뒤에
붙어야 해.

who(m)

① **That's the girl.**   ② **I saw ~~her~~ in the park.**

완성된 문장을 확인할게요.

That's the girl who(m) I saw in the park.
저 애가 내가 공원에서 본 소녀이다.

who(m) I saw in the park가 선행사 the girl 뒤에 붙어서 꾸미는 구조가 됩니다.

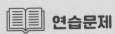 **연습문제**

Unit 23.

머리에 콕콕

다음 <보기>에서 알맞은 말을 골라 빈칸을 완성해 보세요.

보기
- 목적격
- whose
- who

관계대명사의 격		예문
주격	①_____	I have a friend who speaks French. (나는 불어를 말하는 친구가 한 명 있다.)
소유격	②_____	I know a boy whose father is a teacher. (나는 아버지가 교사인 한 소년을 안다.)
③_____	who(m)	I met the woman who(m) you recommended. (나는 네가 추천한 그 여자를 만났다.)

정답 ① who ② whose ③ 목적격

문법 Talk

📶 고딸영문법4   100%

스텔라♥ 선행사가 사람일 때 주격 관계대명사는 뭘 쓰지?

who

소유격 관계대명사는?

whose

목적격 관계대명사는?

who나 whom이요.

딩동댕! 우리 딸 천재!

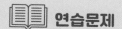

매일 10문장

Unit 23.

[1-10] 다음 두 문장을 관계대명사 who 또는 whose를 이용하여 한 문장으로 만들어 보세요.

1. I saw <u>some students</u>. I taught <u>them</u> last year.

   = I saw some students _____.

2. He is <u>the boy</u>. I saw <u>him</u> yesterday at the library.

   = He is the boy _____.

3. I know <u>a woman</u>. <u>Her</u> house is huge.

   = I know a woman _____.

4. That's <u>the boy</u>. Emma likes <u>him</u>.

   = That's the boy _____.

5. There is <u>a man</u>. <u>He</u> has five cats.

   = There is a man _____.

6. I met <u>a girl</u>. <u>Her</u> mom is a pianist.

   = I met a girl _____.

7. I have <u>a cousin</u>. <u>She</u> lives in New Zealand.

   = I have a cousin _____.

8. That's <u>the man</u>. <u>His</u> car was stolen.

   = That's the man _____.

9. I have <u>a friend</u>. <u>He</u> loves to dance.

   = I have a friend _____.

10. She is <u>the girl</u>. I met <u>her</u> at the bookstore.

   = She is the girl _____.

[단어] 1. **taught** 가르쳤다 [**teach** 가르치다] 3. **huge** 큰 6. **pianist** 피아니스트 7. **cousin** 사촌 10. **bookstore** 서점

[복습] 관계대명사 who를 이용하여 빈칸을 완성하세요.

Unit 22 복습 TEST

1. That's <u>the man</u>. <u>He</u> helped me. = That's the man _____.

2. I saw <u>a girl</u>. <u>She</u> sings well. = I saw a girl _____.

3. Look at <u>the kids</u>. <u>They</u> are dancing. = Look at the kids _____.

Unit 24. 관계대명사의 종류 2 (which)

1. 선행사가 사물일 때

지금까지 관계대명사 **who, whose, who(m)**를 공부했어요.

눈치챈 분들도 계시겠지만, who는 **선행사가 '사람'**인 경우에만 써요.
선행사가 사물일 때는 who가 아닌 다른 관계대명사를 써야 한답니다.

선행사, 즉 꾸밈을 받는 명사가 **사물**일 때는 **which**를 씁니다.

관계대명사의 격 \ 선행사	사람	사물
주격	who	which
소유격	whose	whose
목적격	who(m)	which

선행사가 사물일 때
주격, 목적격 관계대명사로 which를 쓰고요.
소유격이면 **whose**를 씁니다.

사물은 사람과 다르니까
이렇게 다른 관계대명사를 쓴다고 기억하면 됩니다.

주격 관계대명사 예문부터 볼게요.

> ### I opened the box. It arrived yesterday.
> (나는 그 상자를 열었다. 그것은 어제 도착했다.)

앞에서 배운 대로 그대로 적용하면 됩니다.

1. 공통 대상 찾기

> ① **I opened the box.** ② **It arrived yesterday.**
>
> the box

It이 the box를 지칭하고 있어요. 두 문장 모두 상자 이야기예요.

2. 중복 표현 삭제

> ① **I opened the box.** ② **It arrived yesterday.**
>
> 삭제

중복되는 표현 It을 지워 버려요.

3. 관계대명사로 이어주기

이제 관계대명사로 이어줘야 하는데요.
여기서 선행사가 the box로 사물이죠?
사람과 다르다는 것을 보여주기 위해 **관계대명사 which**를 씁니다.

2. 주격 관계대명사 which

내가 주어 It 대신 쓰고
앞 문장이랑 이어줄게.

which

① **I opened the box.**　② ~~It~~ **arrived yesterday.**

주어 It 대신 쓰면서 두 문장을 이어주니 **주격 관계대명사**입니다.

1) **I opened the box. It arrived yesterday.**

2) **I opened the box which arrived yesterday.**

해석은 앞에서 배운 대로 똑같이
관계대명사절이 선행사를 꾸미며 '**~하는**'으로 해석하면 됩니다.

I opened the box which arrived yesterday.

(나는 그 상자를 열었다 / 어제 도착한)

나는 어제 도착한 그 상자를 열었다.

Quiz 1

다음 빈칸에 알맞은 관계대명사를 고르세요.

I ate the pizza _____ was delivered last night.

(나는 어젯밤에 배달된 피자를 먹었다.)

① who　② which

선행사가 the pizza로 사물이기 때문에 관계대명사 which를 씁니다.

정답 ②

소유격 관계대명사를 연습해볼게요.
두 문장을 한 문장으로 만들어봅시다.

He was reading a book. Its cover looked boring.

(그는 책을 읽는 중이었다. 그것의 표지는 지루해 보였다.)

먼저 **공통 대상**을 찾아볼게요.

① **He was reading a book.**　② **Its cover looked boring.**

책에 관한 문장들이죠? Its가 지칭하는 것은 바로 a book입니다.

이제 **중복 표현을 삭제**하면 되는데요.
a book은 선행사이니까 그대로 중복되는 표현 Its를 지워버리면 되겠죠?

① **He was reading a book.**　② ~~Its~~ **cover looked boring.**

마지막, **관계대명사로 이어주면** 됩니다. Its는 '그것의'라는 뜻의 소유격이죠?
소유격 대명사를 대신해서 쓰는 관계대명사 **whose**를 씁니다.

He was reading a book whose cover looked boring.

(그는 책을 읽는 중이었다 / 표지가 지루해 보였던)

그는 표지가 지루해 보였던 책을 읽는 중이었다.

whose 관계대명사절이 a book을 꾸미며 **'~하는'**으로 해석하면 됩니다.

다음 빈칸에 알맞은 관계대명사를 쓰세요.

I saw a cat. Its tail was very short.

= I saw a cat _____ tail was very short.

(나는 꼬리가 매우 짧은 고양이 한 마리를 보았다.)

소유격 대명사 Its를 대신해서 쓰면서 두 문장을 이어주는 관계대명사는 소유격 관계대명사 whose입니다.   정답 whose

4. 목적격 관계대명사 which

선행사가 사물일 때

목적격 관계대명사는 **which**를 씁니다.

다음 두 문장을 한 문장으로 연결해봅시다.

I ate some soup. My mom made it.

(나는 수프를 조금 먹었다. 나의 엄마가 그것을 만들었다.)

3단계 적용해 볼게요.

먼저 **공통대상**을 찾아봅시다.

① **I ate some soup.**   ② **My mom made it.**

some soup

it이 지칭하는 대상이 some soup예요.

이제 중복 표현 삭제!

① **I ate some soup.** ② **My mom made it.**

목적어 it(그것을)을 삭제하고
관계대명사로 이어줘야 하는데요.

선행사가 some soup으로 사물이죠?
사물이기 때문에 목적격 관계대명사 which를 씁니다.

1) **I ate some soup. My mom made it.**

2) **I ate some soup which my mom made.**
(나는 나의 엄마가 만든 수프를 먹었다.)

목적어 it 대신 목적격 관계대명사 which를 썼고
which는 선행사 some soup 바로 뒤로 이동했어요.

관계대명사절 which my mom made가 some soup를 꾸미며
'**~하는**'이라고 해석하면 됩니다.

Quiz 3

다음 빈칸에 알맞은 관계대명사를 고르세요.

I lost my phone. I bought it last month.

= I lost my phone _____ I bought last month.

① whose   ② which

두 문장 모두 my phone (=it)에 대해서 말하고 있어요. 목적어 it 대신 쓰면서 선행사가 사물일 때
관계를 이어주는 관계대명사는 which입니다. '나는 지난 달에 산 나의 폰을 잃어버렸다.'라는 뜻입니다.

정답 ②

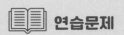 **연습문제**

Unit 24.

머리에 콕콕

다음 <보기>에서 알맞은 말을 골라 빈칸을 완성해 보세요.

보기
▪ which
▪ who
▪ whose

관계대명사의 격 \ 선행사	사람	사물
주격	①_____	which
소유격	whose	②_____
목적격	who(m)	③_____

정답 ① who ② whose ③ which

문법 Talk

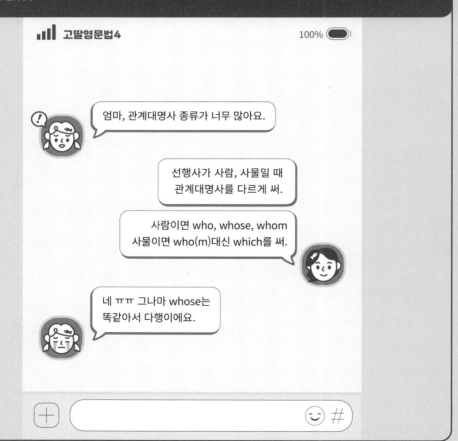

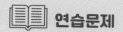

Unit 24.

매일 10문장

[1-4] 다음 중 어법상 알맞은 것을 고르세요.

1. I saw some photos (who / which) Jack took yesterday.

2. He's the singer (who / which) grew up in this city.

3. They watched a movie (who / which) made them laugh.

4. She is the chef (who / which) is from France.

[5-10] 다음 빈칸에 관계대명사 who, whose, which 중 알맞은 말을 넣으세요.

5. This is <u>the magazine</u>. I borrowed <u>it</u> from the library.

   = This is the magazine _____ I borrowed from the library.

6. I like <u>the house</u>. <u>Its</u> windows are big.

   = I like the house _____ windows are big.

7. I washed <u>the blanket</u>. <u>It</u> arrived yesterday.

   = I washed the blanket _____ arrived yesterday.

8. Look at <u>the boy</u>. <u>He</u> is wearing a green jacket.

   = Look at the boy _____ is wearing a green jacket.

9. I'm eating <u>the cake</u>. My mom baked <u>it</u>.

   = I'm eating the cake _____ my mom baked.

10. She chose <u>a book</u>. <u>Its</u> cover has a picture of a fairy.

   = She chose a book _____ cover has a picture of a fairy.

[단어] 2. **grow up** 성장하다 3. **laugh** 웃다 4. **chef** 요리사 5. **magazine** 잡지 7. **arrive** 도착하다
10. **chose** 골랐다 [**choose** 고르다] **fairy** 요정

[복습] 다음 빈칸에 who 또는 whose를 쓰세요.

1. I know <u>a woman</u>. <u>Her</u> house is huge.

   = I know a woman _____ house is huge.

2. There is <u>a man</u>. <u>He</u> has five cats.

   = There is a man _____ has five cats.

3. She is <u>the girl</u>. I met <u>her</u> at the bookstore.

   = She is the girl _____ I met at the bookstore.

Unit 25. 주어에 선행사가 있는 경우

1. 주어에 선행사가 있을 때

이번에는 이전 Unit에서 배운 것과는
조금 다른 문장 구조를 살펴볼게요.
선행사가 문장에서 **'주어 칸'에 있는 경우**인데요.

우선 다음 두 문장을 한 문장으로 만들어 봅시다.

The man is nice. He works at the bookstore.
(그 남자는 친절하다. 그는 서점에서 일한다.)

두 문장을 하나로 이어 볼게요.
앞에서 배웠던 3단계를 적용해 봅시다.

먼저 **공통 대상**을 찾아볼게요.

① **The man is nice.** ② **He works at the bookstore.**

The man

He가 지칭하는 대상이 The man이죠?
두 문장 모두 '그 남자'에 대해서 말하고 있어요. 중복되는 표현 He를 삭제합니다.

① **The man is nice.** ② ~~**He**~~ **works at the bookstore.**

삭제

선행사 the man이 사람이므로
관계대명사 who를 쓰고 문장을 이어줍니다.

나는 He 대신 쓰고
문장을 이어줄게.

who

① **The man is nice.**　② ~~He~~ **works at the bookstore.**

그런데 이때 주의할 점이 있어요.
선행사 The man이 ①문장의 주어 칸에 있죠?

관계대명사는
선행사 뒤에 딱 붙어 있어야 하니까
관계대명사절을 모두 데리고 선행사 바로 뒤로 이동합니다!

나를 따르라!

who

① **The man is nice.**　② ~~He~~ **works at the bookstore.**

who works at the bookstore 모두
선행사 The man 뒤로 이동합니다.

1. 주어에 선행사가 있을 때

따라서 다음과 같이 문장이 완성되어요.

The man who works at the bookstore is nice.
(그 남자 / 서점에서 일하는 / 친절하다.)
서점에서 일하는 그 남자는 친절하다.

관계대명사절 who works at the bookstore가 형용사로
The man을 수식하는 구조예요.
이처럼 **관계대명사절은 선행사 뒤에 꼭 붙어** 있어야 합니다.

관계대명사 법칙
1) 관계대명사는 선행사 바로 뒤에 쓰기
2) 관계대명사절은 관계대명사로 시작하기

그리고 여기서 유의해야 할 문법 포인트 하나가 있어요.
바로 **주어와 동사를 찾는 연습**인데요.

우리 예전에 모든 문장은 **주어 칸**과 **동사 칸**이 하나씩 있다고 공부했었죠? [1권 Unit 1]

그럼 다음 문장은 어디까지가 주어 칸일까요?

The man who works at the bookstore is nice.
주어 칸

선행사가 The man이고
관계대명사절은 선행사를 꾸미는 형용사 역할을 하기 때문에
is 앞까지 모두 주어에 해당합니다.

그럼 문장에서 동사 칸에 들어가는 동사는 무엇일까요?

<u>The man who works at the bookstore</u> is nice.
　　　주어 칸　　　　　　　　　　　　　　　　동사 칸

주어 칸 다음에 쓰는 것이 동사 칸이죠?
is가 동사 칸에 들어갑니다.
선행사가 The man으로 **3인칭 단수**이고 **현재시제**이기 때문에
be동사로 is를 썼어요.

어머나~ 주어가 정말 길어졌네요.

맞아.
관계대명사절이
The man을
형용사처럼
꾸며서 그래.

이때, who 다음에 있는 works는
관계대명사가 데리고 온 동사예요.
'~하다'가 아니라 '**~하는**'이라고 해석하기 때문에
동사 칸에 들어가지 않아요.

Quiz 1

다음 문장에서 동사 칸의 동사를 찾아 밑줄 그어보세요.

The movie which I watched last night was so sad.

(내가 어젯밤에 본 영화는 너무 슬펐다.)

선행사 The movie, 관계대명사절 which I watched last night까지가 주어 칸에 해당합니다.
was가 동사 칸의 동사입니다.

정답 was

1. 주어에 선행사가 있을 때

그럼 또 다른 예문을 볼게요.

> # The oranges are organic. They are grown in my garden.
> (그 오렌지는 유기농이야. 그것들은 내 정원에서 재배되었어.)

3단계를 적용해서 두 문장을 이어봅시다.

공통 대상은 '오렌지'예요.

> ① The oranges are organic. ② They are grown in my garden.

> The oranges

They가 가리키는 대상이 The oranges이니
They를 삭제합니다.

> ① The oranges are organic. ② ~~They~~ are grown in my garden.

주격 대명사 They 대신 쓰고
사물 선행사 The oranges를 꾸미기 위해 쓰는 관계대명사는 **which**예요.

> 나는 They 대신 쓰고
> 선행사 뒤에 붙여야 해. **which**
>
> ① The oranges are organic. ② ~~They~~ are grown in my garden.

관계대명사절은 선행사 바로 뒤에 와야 하죠?
which가 이끄는 관계대명사절이 통째로 이동합니다.

나를 따르라! **which**

① **The oranges are organic.** ② ~~They~~ **are grown in my garden.**

그럼 다음과 같은 문장이 완성됩니다.

The oranges which are grown in my garden are organic.
(그 오렌지들 / 나의 정원에서 재배된 / 유기농이다.)
나의 정원에서 재배된 그 오렌지들은 유기농이다.

주어와 동사를 찾아볼까요?

The oranges which are grown in my garden are organic.
주어 칸   동사 칸

선행사가 The oranges이고
관계대명사절은 선행사를 꾸미는 역할을 하며 주어 칸에 들어갑니다.
따라서 are 앞까지 모두 주어에 해당되어요.

주어 칸 다음에 오는 것이 동사 칸이죠?
그래서 **are**가 **동사**입니다.
선행사가 The oranges로 복수이기 때문에
be동사를 are로 썼어요.

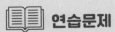
Unit 25.

머리에 콕콕

다음 <보기>에서 알맞은 말을 골라 빈칸을 완성해 보세요.

보기	관계대명사 쓸 때 주의할 점
■ 관계대명사 ■ 선행사	1) 관계대명사는 ① _____ 바로 뒤에 씀 2) 관계대명사절은 ② _____ 로 시작함

예) **The man** who works at the bookstore **is nice.**
(서점에서 일하는 그 남자는 친절하다.)

정답 ① 선행사 ② 관계대명사

문법 Talk

고딸영문법4   100%

> 엄마, 관계대명사가 있는 문장 만들기 너무 복잡해요.

> 원칙은 두 개야.

> 첫째, 선행사 다음에 관계대명사를 딱 붙여 써야 하고. 둘째, 관계대명사절은 관계대명사로 시작해야 해.

> 아하, 이게 모든 관계대명사 문장에 적용되는 거예요?

> 맞아. 이 두 가지 원칙만 기억하면 돼.

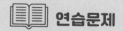

Unit 25.

매일 10문장

[1-5] 다음 두 문장을 관계대명사 who 또는 which를 이용하여 한 문장으로 만들어 보세요.

1. <u>The sweater</u> is really soft. You made <u>it</u>.

= The sweater _____ is really soft.

2. <u>The woman</u> is a ballerina. I met <u>her</u> yesterday.

= The woman _____ is a ballerina.

3. <u>The man</u> has two dogs. <u>He</u> lives next to me.

= The man _____ has two dogs.

4. <u>The milk</u> smells bad. I bought <u>it</u> this morning.

= The milk _____ smells bad.

5. <u>The book</u> made me sad. I read <u>it</u> last night.

= The book _____ made me sad.

[6-10] 다음 문장에서 관계대명사절에 밑줄 그어 보세요.

6. The chocolate which I ate was too sweet.

7. The girl who I saw on TV has a beautiful voice.

8. The laptop which I'm using is very heavy.

9. The bag which I bought yesterday got dirty.

10. The dog which she has is a bulldog.

[단어] 1. **soft** 부드러운 2. **ballerina** 발레리나 6. **sweet** 달콤한 7. **voice** 목소리 8. **laptop** 노트북 9. **dirty** 더러운

[복습] 다음 빈칸에 어법상 알맞은 것을 고르세요.

1. 이것은 내가 도서관에서 빌린 책이다.

This is the book (who / which) I borrowed from the library.

2. 초록색 자켓을 입은 소년을 봐.

Look at the boy (who / which) is wearing a green jacket.

3. 나는 나의 엄마가 구운 케이크를 먹는 중이다.

I'm eating the cake (who / which) my mom baked.

1. 관계대명사 격

시험에 잘 나오는 문제!
격에 맞는 대명사를 고르는 방법을 알아볼게요.

관계대명사의 격에 맞게 쓰는 방법은
대명사의 격을 찾는 방법과 같아요.

다음 빈칸에 어떤 말을 써야 할까요?

_____ love you.

① I　②my　③ me

주어 '나는'이 없으니 **주격 대명사** I가 들어가야 하죠?

I love you.

(나는 너를 사랑한다.)

관계대명사의 격도 똑같이 적용됩니다.

관계대명사절에 무엇이 결핍되었는지만 찾으면
격에 맞는 관계대명사를 쓸 수 있어요.

격에 맞는 관계대명사 고르는 법

주어가 없으면? 주격 관계대명사
목적어가 없으면? 목적격 관계대명사
명사 앞이 허전하면? 소유격 관계대명사

예문에 적용해 봅시다.
다음 빈칸에 어떤 관계대명사를 써야 할까요?

I know the boy _____ has long hair.

당황하지 말고 빈칸이 이끄는 관계대명사절만 보세요!

~~I know the boy~~ _____ **has long hair.**

무엇이 결핍되어 있나요?
바로 '~는'에 해당하는 주어가 없어요.

주어를 대신하면서 앞 문장과 이어주는 역할을 하는 것은
주격 관계대명사입니다.
선행사가 the boy로 사람이니 **who**를 쓰면 됩니다.

I know the boy who has long hair.
(나는 그 소년을 안다 / 머리가 긴)
나는 머리가 긴 그 소년을 안다.

아하~
주어가 없으면
주격 관계대명사!

맞아!
짝짝짝

다음 문제도 풀어볼게요.
어떤 관계대명사를 쓸 수 있을까요?

The library _____ I like is closed on Sundays.

이번에도 관계대명사절에 집중해 봅시다.

~~The library~~ _____ I like ~~is closed on Sundays.~~

주어 I, 동사 like가 있어요. 무엇이 빠져있을까요?

나는 OO을 좋아한다.

like는 타동사로 목적어 '~을/를'을 필요로 해요.
그런데 문장에서 목적어가 빠져 있으니
목적격 대명사 역할을 하면서 두 문장을 이어주는 **목적격 관계대명사**를 써야 해요.

선행사가 The library로 사물이기 때문에 목적격 관계대명사 which를 씁니다.

The library which I like is closed Sundays.
(도서관은 / 내가 좋아하는 / 일요일에 닫는다.)
내가 좋아하는 도서관은 일요일에 닫는다.

또 다른 문제를 볼게요.
어떤 관계대명사를 쓰면 될까요?

I helped the boy _____ leg was broken.

이번에도 역시 관계대명사절에 집중하세요.

~~I helped the boy~~ _____ leg was broken.

뭐가 빠져 있을까요? 명사 leg(다리)앞이 허전하죠?
누구의 '다리'일까요? 바로 소유격이 빠져있어요.

Leg was broken. (X)
His leg was broken. (O)

소유격 대명사 역할을 하면서 두 문장의 관계를 이어주는 것은?
바로 소유격 관계대명사 **whose**입니다.

I helped the boy whose leg was broken.
(나는 그 소년을 도왔다 / 다리가 부러진)
나는 다리가 부러진 그 소년을 도왔다.

1. 관계대명사 격

그럼 앞에서 공부한 예문 세 개를 다시 살펴볼게요.

---

1) [주격 관계대명사] **I know the boy who has long hair.**

2) [목적격 관계대명사] **The library which I like is closed on Sundays.**

3) [소유격 관계대명사] **I helped the boy whose leg was broken.**

관계대명사 뒤에 무엇을 썼는지 확인해볼까요?

1) 주격 관계대명사 who 다음에는 has라는 **동사**를 썼고요.
2) 목적격 관계대명사 which 다음에는 I like으로 **주어**와 **타동사**를 썼어요.
3) 소유격 관계대명사 다음에는 leg라는 **명사**를 썼어요.

지금 우리가 공부한 내용을 규칙으로 정리해볼게요.

주격 관계대명사 + 동사
목적격 관계대명사 + 주어 + 타동사 ← 목적어가 필요한 동사
소유격 관계대명사 + 명사

이처럼 관계대명사 다음에 무엇이 나오는지 알면
관계대명사 문제를 잘 풀 수 있어요.

Quiz 1

다음 문장에서 빈칸에 알맞은 관계대명사 고르세요.

Jane has a daughter _____ is going to marry next year.

(제인은 내년에 결혼할 딸이 있다.)

① who ② whose

관계대명사절에 주어가 없으므로 주격 관계대명사 who를 씁니다.   정답 ①

관계대명사를 쓸 때 격의 쓰임에 비교적 자유로운
관계대명사 that을 소개할게요.

that은 선행사가 **사람인지, 사물인지에 상관없이**
주격, 목적격에 다 쓸 수 있어요.

관계대명사 ＼ 선행사	사람	사물	
주격	who	which	→ that
소유격	whose	whose	
목적격	who(m)	which	→ that

소유격 whose만 빼고 모두 쓸 수 있고요.
실제로 구어체에서는 who, which 보다 **that을 훨씬 자주** 씁니다.

그럼 예문을 볼게요.

My aunt has a dog which chews everything.
= My aunt has a dog that chews everything.
(나의 숙모는 모든 것을 물어 뜯는 개 한 마리가 있다.)

주격 관계대명사 which 대신에 that을 썼어요.

우와 that만 쓰면 되니 간단해요~

맞아. 그래서 일반 회화에서 that을 정말 자주 써.

다음 밑줄 친 관계대명사 중 that으로 바꿔 쓸 수 있는 것은 무엇일까요?

❶ I know a boy <u>who</u> plays the guitar.

(나는 기타를 치는 소년 한 명을 알아.)

❷ I lost the pen <u>which</u> you bought.

(나는 네가 산 그 펜을 잃어버렸어.)

❸ I met a girl <u>whose</u> mom is a singer.

(나는 엄마가 가수인 소녀를 만났어.)

정답은 ①, ②입니다. 왜?

① 주격 관계대명사 who와 ② 목적격 관계대명사 which 대신에

that을 쓸 수 있어요.

하지만 소유격 관계대명사 whose는 대신 할 수 없어요.

❶ I know a boy that plays the guitar.

❷ I lost the pen that you bought.

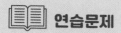
머리에 콕콕

Unit 26.

다음 <보기>에서 알맞은 말을 골라 빈칸을 완성해 보세요.

보기		
• that • 동사 • 명사	관계대명사 격	주격 관계대명사 + ①_____ 목적격 관계대명사 + 주어 + 타동사 소유격 관계대명사 + ②_____
	관계대명사 that	관계대명사 ③_____은 who, whom, which 대신 쓸 수 있음 예) I know a boy who plays the guitar. = I know a boy that plays the guitar. (나는 기타를 치는 소년 한 명을 알아.)

정답 ① 동사 ② 명사 ③ that

문법 Talk

Unit 26.

매일 10문장

[1-5] 다음 밑줄 친 관계대명사의 격을 고르세요.

1. I missed the bus <u>that</u> goes to the museum.　　[주격, 소유격, 목적격]

2. The person <u>that</u> answered the phone was Judy.　　[주격, 소유격, 목적격]

3. That's the woman <u>whose</u> son works as a teacher.　　[주격, 소유격, 목적격]

4. The girl <u>that</u> I met yesterday was so cute.　　[주격, 소유격, 목적격]

5. This is the desk <u>that</u> my dad made.　　[주격, 소유격, 목적격]

[6-10] 다음 밑줄 친 관계대명사를 that으로 바꿔 쓸 수 있으면 O, 없으면 X를 하세요.

6. I helped the girl <u>whose</u> bike was broken.　　——————

7. The pizza <u>which</u> I had was really good.　　——————

8. I know a boy <u>who</u> is good at playing soccer.　　——————

9. There is a woman <u>whose</u> house is near the library.　　——————

10. These are the apples <u>which</u> I picked.　　——————

[단어] 1. **miss** 놓치다 **museum** 박물관 2. **answer the phone** 전화를 받다 6. **broken** 고장난 10. **pick** 따다

[복습] 다음 문장의 우리말 해석을 쓰세요.

1. The sweater which you made is really soft.

　——————————————————————————

2. The milk which I bought this morning smells bad.

　——————————————————————————

3. The laptop which I'm using is very heavy.

　——————————————————————————

Unit 27. 관계대명사 문장 체크리스트

관계대명사가 들어간 문장을 쓸 때
바르게 썼는지 확인해볼 수 있는 두 가지 체크리스트를 소개할게요.

관계대명사 문장 체크 리스트
1) **관계대명사 다음에 (대)명사의 결핍 확인**
2) **주격 관계대명사로 쓸 때 선행사에 맞춤형 동사 확인**

1. 관계대명사절에 (대)명사 결핍 확인하기

먼저, 관계대명사절에
대명사가 결핍되어 있는지 아닌지를 확인해야 합니다.

주격 관계대명사는 **주어** 대신 쓰고
목적격 관계대명사는 **목적어** 대신 쓰고
소유격 관계대명사는 **소유격** 대신 쓰죠?

그래서 주격 관계대명사절에는 주어가 없고, 목적격 관계대명사절에는 목적어가 없고,
소유격 관계대명사절에는 소유격이 없어야 해요.

그럼 퀴즈! 다음 문장은 무엇이 잘못되었을까요?

This is the desk that my dad made it. (✕)

엄마~
어떤 부분이 틀린
건지 모르겠어요.

관계대명사절을
살펴봐.

~~This is the desk~~ that my dad made it. (X)

관계대명사절에 집중!
that 다음에 my dad made it.으로 **완전한 문장**이 있죠?
it이 사라져야 올바른 문장입니다.

This is the desk that my dad made it. (O)

(이것은 나의 아빠가 만든 책상이다.)

왜? 원래 이것은 This is the desk. My dad made it.
이 두 문장이 관계대명사로 이어진 문장이기 때문이에요.

This is the desk. My dad made it.

This is the desk that my dad made.

나는 목적어 it 대신 쓰고
문장을 이어주는 관계대명사

관계대명사 that이 목적어 it을 대신해서 들어갔으니
관계대명사절에 it이 남아 있으면 안 돼요.

그럼 다음 문장은 어떻게 올바르게 고쳐야 할까요?

**I saw a girl
that she is taller than my mom.** (X)
(나는 나의 엄마보다 키가 더 큰 한 소녀를 보았다.)

that이 이끄는 절에 집중!

that she is taller than my mom

관계대명사 뒤에는 대명사가 결핍된 문장이 나와야 하는데
that 뒤에 완전한 문장이 있어요.
원래는 이 두 문장이 관계대명사로 이어진 거죠?

I saw a girl. She is taller than my mom.

I saw a girl that is taller than my mom.

나는 She 대신 쓰고
문장을 이어주는 관계대명사

that이 주어 She 대신 들어갔기 때문에
that 다음에는
당연히 주어가 결핍되어 있어야 합니다.

I saw a girl that she is taller than my mom. (X)
I saw a girl that is taller than my mom. (O)

또 다른 예문을 볼게요.
다음 문장을 바르게 고쳐봅시다.

She is the girl whose her cat was lost. (X)
그녀는 고양이를 잃어버린 소녀이다.

whose가 이끄는 관계대명사절에 집중해 볼게요.

whose her cat was lost

whose가 소유격 관계대명사로 소유격 her 대신 썼으니
whose 다음에는 소유격 대명사가 없어야 합니다.
따라서 her를 삭제하면 됩니다.

She is the girl whose her cat was lost. (X)
She is the girl whose cat was lost. (O)

이처럼
주격 관계대명사 다음에는 **주어가 결핍**
목적격 관계대명사 다음에는 **목적어가 결핍**
소유격 관계대명사 다음에는
소유격이 결핍되어 있는지를 꼭 확인해야 합니다.

두 번째로 확인해야 할 점은
주격 관계대명사를 쓸 때 선행사에 **맞춤형 동사**를 썼는지 따져봐야 해요.

예문을 봅시다.
다음 밑줄 친 부분은 무엇이 잘못되었을까요?

I talked to a boy who <u>love</u> traveling. (X)

(나는 여행을 매우 좋아하는 한 소년과 이야기했다.)

관계대명사절에 집중해 보세요.

~~I talked to a boy~~ **who love traveling.**

who는 선행사 a boy를 지칭하며 주격 관계대명사로 쓰죠?
선행사를 주어 자리에 넣어볼게요.

A boy love traveling. (X)

이 문장 맞나요? 땡!
주어가 **A boy**로 3인칭 단수이고
현재시제이기 때문에 동사에 s를 붙여 loves로 써야 합니다.

A boy loves traveling. (O)

따라서 관계대명사절도 love가 아니라 loves로 써야 해요.

I talked to a boy who love traveling. (X)
I talked to a boy who loves traveling. (O)

이처럼 관계대명사가 주어 역할을 할 때
현재시제라면 선행사가 단수인지 복수인지도 따져보고
3인칭 단수이면 s 붙이는 것까지 챙겨야 합니다.

나한테 어울리는
동사를 데려와~

선행사 + 주격 관계대명사 + 동사

그럼 다음 밑줄 친 표현은 어떻게 고쳐야 할까요?

I have a friend who <u>live</u> in England. (X)
(나는 영국에 사는 친구 한 명이 있다.)

who가 지칭하는 대상이 누구죠? who의 선행사 a friend예요.
선행사를 주어 칸에 넣어볼까요?

A friend live in England. (X)

A friend는 3인칭 단수이고 현재시제이기 때문에 동사에 s를 붙입니다.

A friend lives in England. (O)

관계대명사절도 바르게 고쳐볼게요.

> **I have a friend who live in England.** (X)
> **I have a friend who lives in England.** (O)

이처럼 선행사에 맞는 동사를 쓰는 것까지 신경 써야 합니다.

관계대명사는 신경 써야 할 게 너무 많아요.

관계대명사 문장을 많이 만들어 봐야 금방 익숙해져.

Quiz 1

다음 문장에 알맞은 말을 고르세요.

I know a woman who _____ five cats.

(나는 고양이 다섯 마리를 가진 한 여자를 안다.)

① have   ② has

관계대명사 앞에 있는 선행사가 a woman으로 3인칭 단수이기 때문에 동사에는 s를 붙여야 합니다.
have에 s를 붙인 형태는 has입니다.

정답 ②

Quiz 2

다음 밑줄 친 부분을 바르게 고쳐 다음 문장을 완성하세요.

우체국에서 일하는 그 남자가 있다.

There is the man who <u>work</u> at the post office.

= There is the man who _____ at the post office.

관계대명사 앞에 있는 선행사가 the man으로 3인칭 단수이기 때문에 동사에는 s를 붙여야 합니다.

정답 works

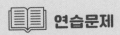 **연습문제**

Unit 27.

머리에 콕콕

다음 <보기>에서 알맞은 말을 골라 빈칸을 완성해 보세요.

보기
- loves
- is

관계대명사 문장 쓸 때 확인해야 할 점
1) 관계대명사 다음에 (대)명사의 결핍 확인 예) I saw a girl that she is taller than my mom. (X) I saw a girl that ①_____ taller than my mom. (O) (나는 나의 엄마보다 키가 더 큰 한 소녀를 봤다.)
2) 주격 관계대명사로 쓸 때 선행사에 맞춤형 동사 확인 예) I talked to a boy who love travelling. (X) I talked to a boy who ②_____ travelling. (O) (나는 여행을 매우 좋아하는 한 소년과 이야기했다.)

정답 ① is ② loves

문법 Talk

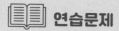

Unit 27.

매일 10문장

[1-5] 다음 빈칸에 알맞은 말을 고르세요.

1. I found the key that I _____ yesterday.

   a. lost   b. lost it

2. The movie that I _____ was very interesting.

   a. watched   b. watched it

3. I know a girl whose _____ is a singer.

   a. sister   b. her sister

4. He is the man who _____ my bike.

   a. he bought   b. bought

5. I have a dog whose _____ is brown.

   a. fur   b. its fur

[6-10] 다음 어법상 알맞은 것을 고르세요.

6. The boy that (is / are) wearing the green jacket is Tom.

7. I met the woman who (live / lives) across the road.

8. The girl that (have / has) red hair came to me.

9. I bought two books that (is / are) about fashion.

10. I saw the lady who (sell / sells) the flowers on the street.

[단어] 5. **fur** 털   7. **across the road** 길 건너서 10. **lady** 여성 **on the street** 길에서

[복습] 관계대명사 that을 사용하여 다음 문장을 완성하세요.

1. <u>The pizza</u> was really good. I had <u>it</u>.

   The pizza _____ was really good.

2. I know <u>a boy</u>. <u>He</u> is good at playing soccer.

   I know a boy _____.

3. These are <u>the apples</u>. I picked <u>them</u>.

   These are the apples _____.

1. 관계대명사가 생략 가능한 경우

관계대명사를
생략해서 쓸 수 있는 경우를 소개할게요.

헉, 아빠!
관계대명사를
생략할 수 있어요?

딱 2가지 경우에만
생략할 수 있어.

관계대명사는 다음과 같은 두 가지의 경우에만 생략 가능합니다.

관계대명사의 생략

1) **목적격 관계대명사**

2) **주격 관계대명사 + be동사**

왜 생략이 가능한지 가볍게 읽어보세요.

1. 목적격 관계대명사가 생략 가능한 이유

목적격 관계대명사는 없어져도
주어와 동사의 짝을 찾기 쉬워서 생략 가능합니다.

다음 문장에서 목적격 관계대명사를 찾아볼까요?

I broke the cup that you bought.

(나는 네가 사준 컵을 깼다.)

the cup 다음에 that 보이죠?

I broke the cup that you bought.

that you bought가 the cup을 꾸미는 구조예요.
그럼 that을 생략해볼게요.

I broke the cup you bought.

영어에서는 주어, 동사의 짝이 정말 중요한데요.
I broke the cup / you bought
관계대명사가 없어도 **<주어 + 동사>의 짝이 쉽게 파악**됩니다.

듣는 사람의 입장에서 문장이 쉽게 이해되기 때문에
목적격 관계대명사는 생략이 가능해요.

2. <주격 관계대명사 + be동사>가 생략 가능한 이유

주격 관계대명사와 be동사는요.
생략하면 주로 **분사**가 되기 때문에 생략이 가능합니다.

예문을 함께 볼게요.
주격 관계대명사를 찾아보세요.

The boy who is playing the guitar is my brother.
(기타 치고 있는 그 소년은 나의 오빠이다.)

여기서 관계대명사는 the boy 뒤에 있는 who이죠?

The boy who is playing the guitar is my brother.

<주격 관계대명사 + be동사> who is를 생략해볼게요.

1) The boy ~~who is~~ playing the guitar is my brother.

2) The boy playing the guitar is my brother.

who is를 지웠더니 playing이 되었죠?
바로 동사에 ing가 붙어 있는 **현재분사**가 되었습니다.

The boy <u>playing the guitar</u> is my brother.

playing the guitar가 the boy를 꾸미는 구조예요.

이처럼 **<주격 관계대명사 + be동사>**를 생략하면
분사가 되어 문법적으로 올바른 문장이 됩니다.

다음 밑줄 친 부분이 생략 가능한 문장은 무엇일까요?

❶ **That is the woman <u>that</u> works at the bank.**
(저 분은 은행에서 일하는 여자이다.)

❷ **The man <u>that is</u> wearing the black jacket is my teacher.**
(검은색 자켓을 입은 그 남자는 나의 선생님이다.)

❸ **This is the book <u>that</u> you gave me.**
(이것은 네가 나한테 준 책이다.)

정답은? ②, ③입니다.

②는 관계대명사 that 다음에 동사 is wearing이 나왔어요.
<주격 관계대명사 + be동사>로 that is를
생략하면 분사가 되기 때문에 생략 가능합니다.

③ 관계대명사 that 다음에 주어(you)와 타동사(gave)가 나와있죠?
여기서 that은 목적격 관계대명사이므로 생략이 가능합니다.

①은 관계대명사 that 다음에 동사 works가 나와있죠?
여기서 that은 주격 관계대명사예요.
주격 관계대명사는 be동사와 함께 있을 때만 둘이 같이 생략할 수 있어요.

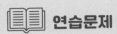

Unit 28.

머리에 콕콕

다음 <보기>에서 알맞은 말을 골라 빈칸을 완성해 보세요.

보기
- be동사
- 목적격

관계대명사를 생략하는 경우
1) ①_____ 관계대명사 예) I broke the cup (that) you bought. (나는 네가 사준 컵을 깼다.)
2) 주격 관계대명사 + ②_____ 예) The boy (who is) playing the guitar is my brother. (기타 치고 있는 소년은 나의 오빠이다.)

정답 ① 목적격 ② be동사

문법 Talk

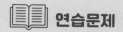
Unit 28.

매일 10문장

[1-5] 다음 밑줄 친 부분을 생략 가능하면 O, 불가능하면 X를 하세요.

1. There is a park <u>which</u> has a nice playground. _____

2. I like the cake <u>that</u> you baked. _____

3. I ate the pizza <u>that</u> I made last night. _____

4. The boy <u>who</u> is standing there is my brother. _____

5. This is the book <u>that</u> I borrowed from the library. _____

[6-10] 관계대명사를 생략하여 문장을 다시 쓰세요.

6. The woman that I met at the party is a doctor.

    _____

7. The movie that I watched was very boring.

    _____

8. I saw some birds that are sitting on top of the house.

    _____

9. The class that I'm taking is about science.

    _____

10. Look at the children that are riding the seesaw.

    _____

[단어] 1. **playground** 놀이터 4. **stand** 서 있다 5. **borrow** 빌리다 8. **sit** 앉아 있다 9. **take** 수강하다
10. **ride the seesaw** 시소를 타다

Unit 27 복습 TEST

[복습] 다음 중 어법상 알맞은 말을 고르세요.

1. 나는 언니가 가수인 소녀를 안다.

    I know a girl whose (sister / her sister) is a singer.

2. 빨간색 머리를 가진 소녀가 나에게 왔다.

    The girl that (have / has) red hair came to me.

3. 나는 패션에 관한 책 두 권을 샀다.

    I bought two books that (is / are) about fashion.

Unit 29. 종합 TEST

A. 다음 문제를 풀어 보세요.

[1-2] 다음 두 문장이 같은 뜻이 되도록 빈칸에 알맞은 것을 고르세요.

1

> This is the book. I borrowed it from the library.
> = This is the book _____ I borrowed from the library.

① who   ② which   ③ whose

2

> That's the woman. Her bag was stolen.
> = That's the woman _____ bag was stolen.

① who   ② which   ③ whose

[3-5] 다음 <보기>에서 알맞은 말을 골라 빈칸을 완성하세요.

> <보기>   who   which   whose

3   I know the boy _____ sister is a model.

4   The movie _____ I watched last night was great.

5   The girl _____ is waiting for the bus is Ella.

6 다음 중 주격 관계대명사가 <u>아닌</u> 것을 고르세요.

① That's the boy <u>that</u> smiles at me.

② The police caught the man <u>that</u> stole the money.

③ They bought a house <u>that</u> is 20 years old.

④ The phone <u>that</u> I'm using is too old.

7 다음 중 빈칸에 that을 쓸 수 <u>없는</u> 것을 고르세요.

① I like the cake _____ you baked.

② I know the boy _____ father is a farmer.

③ The girl _____ was late to school was Jenny.

④ That's the car _____ I want to buy.

8 다음 밑줄 친 부분이 <u>잘못된</u> 것을 고르세요.

① I talked to the woman who <u>loves</u> cooking.

② She is the girl who <u>has</u> beautiful hair.

③ I met the man who <u>live</u> across the road.

④ She bought two books which <u>are</u> about planets.

[9-10] 다음 문장에서 관계대명사를 생략하여 문장을 다시 쓰세요.

9   The shirt that I'm wearing is new.

_____

10 I saw the boys who are dancing together.

_____

B. 관계대명사를 활용하여 다음 두 문장을 한 문장으로 써보세요.

1 She chose <u>a book</u>. <u>Its</u> cover is very colorful.

_____

2 I opened <u>the box</u>. <u>It</u> arrived yesterday.

_____

3 I have <u>a friend</u>. <u>He</u> loves to dance.

_____

4 <u>The woman</u> has two cats. <u>She</u> lives next to me.

_____

5 <u>The scarf</u> is really nice. You made <u>it</u>.

_____

C. 다음 어법상 알맞은 말을 고르세요.

1 카페에서 일하는 그 여자는 친절했다.

The woman (who / which) works at the café was nice.

2 나는 박물관에 가는 버스를 놓쳤다.

I missed the bus (who / which) goes to the museum.

3 기타를 치고 있는 소년은 나의 남동생이다.

The boy (whose / that) is playing the guitar is my brother.

4 내가 듣고 있는 수업은 음악에 관한 것이다.

The class (whose / that) I'm taking is about music.

5 나는 아들이 디자이너인 남자를 만났다.

I met the man (whose / who) son works as a designer.

공딸영문법

to부정사부터 관계대명사까지 완성

1. 쉼표 + 관계대명사란?

관계대명사는 아래와 같이 쉼표와 함께 쓰기도 합니다.

, who   , whose   , which

헉, 쉼표가
중요해요?

쉼표가 있으면
뜻이 달라져.

쉼표가 있는지 없는지에 따라 해석이 달라져요.
쉼표가 없으면 우리가 앞에서 공부한대로 '**~하는**'으로 해석하고요.
쉼표가 있으면 '**~하고, ~하는데**'로 해석하면 됩니다.

관계대명사: ~하는 (선행사 수식)
쉼표 + 관계대명사: ~하고, ~하는데 (선행사의 추가 정보 제공)

왜 그럴까요?
쉼표를 붙일지 말지는 **문장을 듣는 사람 입장**을 생각해봐야 해요.

듣는 사람이 **선행사가 누구인지 잘 모르면** 쉼표 없이
그 선행사에 대해 '**~하는**'이란 뜻으로 바로 설명해야 하고요.

듣는 사람이 **선행사가 누구인지 알면** 쉼표의 여유를 부리며
한 템포 쉬고 천천히 '**~하고,~하는데**'로 이야기를 이어갑니다.

예를 들어볼게요.

I met a girl.
(난 한 소녀를 만났어.)

어떤 소녀?

듣는 이의 입장에서 **a girl**이 '어떤 소녀'인지 몰라요.
이 세상에서 소녀는 많고 많으니까
말하는 사람은 어서 **소녀의 정체를 설명**해줘야 해요.

따라서 쉼표 없이 바로 관계대명사절로 설명해줍니다.

I met a girl who came from Australia.

(나는 호주에서 온 소녀를 만났어.)

관계대명사절 who came from Australia가 a girl의 정체를 설명해줘요.

이처럼 관계대명사가 **선행사의 정체**를 구체적으로
설명해주기 때문에
관계대명사의 제한적 용법이라고 합니다.

우리가 지금까지 공부한 쉼표 없이 쓰는 관계대명사 모두
제한적 용법에 해당되어요.

제한적 용법 (쉼표 없음)
'~하는' 이라는 뜻으로 선행사 정체를 설명

---

2. 쉼표 + 관계대명사의 용법

쉼표를 붙이는 관계대명사는 **쉼표의 여유**를 생각하면 됩니다.

듣는 이가 **선행사의 정체를 알고 있다**고 가정할 때
말하는 이는 급하게 설명하지 않아도 되니 쉼표를 붙이고 **한 템포 쉬고** 말해요.
주로 선행사가 이름인 경우에 자주 써요.

Jack(잭)은 **사람 이름**이죠?
듣는 사람은 Jack(잭)이 누구인지 아는 상황이에요.

말하는 사람은 급하게 잭의 정체를 설명할 필요가 없어요.
쉼표의 여유를 부리면서 Jack에 대한 이야기를 이어갑니다.

I met Jack, who lives in Canada.

(나는 잭을 만났는데 캐나다에 살아.)

잭의 정체를 설명하는 게 아니라
잭이 어떻게 지내고 있는지 **추가 정보**를 주고 있기 때문에
'~하고,~하는데'로 자연스럽게 해석하면 됩니다.

이처럼 쉼표와 함께 쓰는 관계대명사는
선행사에 대해 **계속 추가**로 말하기 때문에 **계속적 용법**이라고 합니다.

계속적 용법 (쉼표 있음)
'~하고,~하는데'라는 뜻으로 선행사에 대한 추가 설명

Quiz 1

다음 밑줄 친 관계대명사의 용법을 고르세요.

I saw the man <u>who</u> drives the big truck.

① 제한적 용법　② 계속적 용법

관계대명사 앞에 쉼표가 없기 때문에 제한적 용법입니다. 관계대명사절을 '~하는'으로 해석하면 됩니다.
'나는 큰 트럭을 운전하는 그 남자를 보았다.'라는 뜻이에요.

정답 ①

엄마, 너무
헷갈려요 ㅠㅠ

회화에서는 주로
쉼표 없이 써.

**"하지만! 관계대명사의 제한적 용법, 계속적 용법에 대해
너무 고민하지 마세요."**

보통 일상적인 대화에서는 대부분 **쉼표 없이 제한적 용법**으로 관계대명사를 써요.

학술적인 글이나 문서에서 주로 **선행사가 이름을 나타낼 때** 쉼표와 관계대명사를 같이 씁니다.
듣는 이가 선행사의 정체를 알 거라고 가정하고 쉼표를 붙인 거예요.

예를 들어 볼게요.

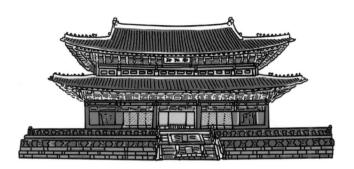

I live in Seoul, which has many historical places.
(나는 서울에 사는데 역사적인 장소가 많아.)

선행사가 Seoul로 도시 이름이죠?
듣는 사람이 서울이 어디인지 알 거라고 가정하고
쉼표의 여유를 부리며 **서울에 대해 추가 설명**을 하고 있어요.
또 다른 예문을 볼게요.

Dave, who lives in Japan, will move to China.
(데이브는 일본에 사는데 중국으로 이사 갈 것이다.)

선행사가 Dave로 사람 이름이라서 쉼표를 찍고 관계대명사를 썼어요.
선행사가 주어일 때 계속적 용법으로 쓰는 경우는
관계대명사절 앞과 뒤에 쉼표를 찍어줍니다.

Q. 학교 시험에 이 두 문장이 나왔어요. 둘의 차이는 뭔가요?

1) I had coffee with my sister who will graduate soon.
2) I had coffee with my sister, who will graduate soon.

A. 1)과 2) 모두 뜻 같은데 2)에만 쉼표가 있죠?
1)은 쉼표가 없는 **제한적 용법**이고 2)는 쉼표가 있는 **계속적 용법**이에요.

1)의 경우는 my sister가 여러 명이라서
듣는 이가 어떤 언니인지 쉽게 알 수 있도록 **정체를 구체적으로 알려주고** 있어요.

나는 곧 졸업하는 내 언니하고 커피 마셨어.

내 언니 중에
곧 졸업하는 언니
말이야~

2)의 경우는 언니가 한 명 있고 듣는 이도 이미 언니에 대해서 알고 있어요.
쉼표의 여유를 부리며 언니에 대한 추가 설명을 하고 있어요.

내 언니 알지?
언니가 말이야~

나는 언니하고 커피 마셨는데, (언니가) 곧 졸업해.

듣는 이가 선행사의 정체를 알면 쉼표의 여유를 부린다고 생각하면 됩니다.

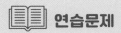 **연습문제**

머리에 콕콕 **Unit 30.**

다음 <보기>에서 알맞은 말을 골라 빈칸을 완성해 보세요.

보기

- ~하고,
  ~하는데
- ~하는

	제한적 용법	계속적 용법
형태	관계대명사	쉼표 + 관계대명사
해석	① _____	② _____
역할	선행사의 정체를 구체적으로 설명	선행사에 대한 추가 정보 제공
예	I met a girl who came from Australia. (나는 호주에서 온 소녀를 만났어.)	I met Jack, who lives in Canada. (나는 잭을 만났는데 캐나다에 살아.)

정답 ① ~하는 ② ~하고, ~하는데

문법 Talk

고딸영문법4   100%

> 아빠! 관계대명사 앞에 왜 쉼표를 써요?

> 상대방이 선행사가 누구인지 알 때 쉼표를 써.

> 어려워요 ㅠㅠㅠㅠ

> 걱정하지 마. 주로 선행사가 이름일 때 쉼표하고 관계대명사를 같이 써.

Unit 30.

매일 10문장

[1-5] 다음 관계대명사의 쓰임이 제한적 용법인지 계속적 용법인지 고르세요.

1. Jack, <u>who</u> I play soccer with, is very friendly.　　　[제한적, 계속적]

2. I love the flowers <u>which</u> you bought for me.　　　[제한적, 계속적]

3. She is the person <u>that</u> gave me good advice.　　　[제한적, 계속적]

4. I met Mia, <u>who</u> is going to take the exam next week.　　　[제한적, 계속적]

5. My grandfather, <u>who</u> is 80, studies English.　　　[제한적, 계속적]

[6-10] 다음 우리말 해석에 알맞은 것을 고르세요.

6. 나는 케이트와 이야기했는데, (케이트는) 다음 주에 호주에 갈 것이다.

   I talked to Kate (who / , who) is going to Australia next week.

7. 나는 춤을 정말 잘 추는 그 소년을 안다.

   I know the boy (who / , who) dances really well.

8. 그는 부산으로 이사 갔는데, (부산은) 바다와 가깝다.

   He moved to Busan (which / , which) is close to the sea.

9. 내 딸은 (딸이 한 명) 프로그래밍을 공부하는데 올해 졸업할 것이다.

   My daughter (who / , who) studies programming, will graduate this year.

10. 저 사람이 우리에게 그 이야기를 해준 남자이다.

    That's the man (who / , who) told us the story.

[단어] 1. **friendly** 친절한 3. **advice** 충고 4. **exam** 시험 8. **close** 가까운 9. **graduate** 졸업하다

[복습] 주어진 단어를 바르게 배열하세요.

1. 나는 어젯밤에 만든 피자를 먹었다. (made / I / last night)

   I ate the pizza _____.

2. 내가 본 영화는 매우 지루했다. (watched / I)

   The movie _____ was very boring.

3. 시소를 타고 있는 아이들을 봐. (the seesaw / riding)

   Look at the children _____.

우리 앞에서 관계대명사 **who, which** 대신에
that을 쓸 수 있다고 공부했죠.
그런데 who, which가 that과 완전히 똑같지는 않아요.

주로 **that을 쓰는 경우**와
that이 아니라 반드시 **who, which를 써야 하는 경우**를 살펴볼게요.

1. 주로 that을 쓰는 경우

선행사가 **최상급, 서수, something/anything(어떤 것)**일 때는
who, which가 아니라 주로 **that**을 써요.

the 최상급, the 서수, something, anything 등		**that**

예문을 확인할게요.

I have something that I have to tell you.

(나는 너에게 말해야 할 것 있다.)

선행사에 something(어떤 것)이 있죠?
which를 쓰지 않고 **that**으로 썼어요.

그럼 바로 퀴즈 적용할게요.

This is the first car _____ I've bought.

① that ② which

선행사 the first car에 **first**라는 **서수**가 있죠?
관계대명사 ① **that**을 씁니다.

This is the first car that I've bought.

(이것은 내가 산 첫 차이다.)

또 다른 문제를 볼게요.

This is the best movie _____ I've ever seen.

① that ② which

선행사가 the best movie로 **최상급** 표현이 있어요.
which는 쓰지 않고 ① **that**으로 씁니다.

This is the best movie that I've ever seen.

(이것은 내가 본 영화 중 최고의 영화이다.)

2. that을 쓰면 안 되는 경우

이번에는 반대로 that을 쓰면 안 되고
who, whom, which를 써야 하는 경우를 소개할게요.

that을 쓰면 안 되는 경우
1. 쉼표 + that (✕)
2. 전치사 + that (✕)

첫째, 쉼표와 관계대명사 that은 함께 쓰지 않아요.
즉 계속적 용법으로 that을 쓰지 않습니다.

둘째, 전치사와 관계대명사 that은 함께 쓰지 않아요.

왜 그럴까요?
그 이유는 바로 that의 역할이 다양하기 때문이에요.

that의 역할이 너무 많기 때문에
쉼표나 전치사와 같이 쓰면 다른 기능으로 오해할 수 있으니
쓰지 않는다고 기억하면 됩니다.

그럼 문제를 풀어볼게요.

Tom, _____ is studying in Canada,

sent me this card.

① who ② that

선행사 Tom 다음에 쉼표 보이시나요? 계속적 용법이에요.
쉼표하고 관계대명사 that은 같이 쓸 수 없어요. 따라서 ① **who**를 써야 합니다.

Tom, who is studying in Canada, sent me this card.

(톰은 캐나다에서 공부하고 있는데 나에게 이 카드를 보냈어.)

또 다른 문제를 볼게요.

The hotel room in _____ we stayed was very clean.

① which ② that

선행사 The hotel room 다음에 in에 동그라미 해보세요. in은 전치사죠?
관계대명사 that은 전치사 다음에 쓰지 않아요. ① **which**를 씁니다.

The hotel room in which we stayed was very clean.

(우리가 머물렀던 호텔방은 매우 깨끗했다.)

이처럼 <전치사+관계대명사>로 된 형태는
Unit 35에서 자세히 공부할게요.

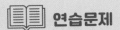
머리에 콕콕

Unit 31.

다음 <보기>에서 알맞은 말을 골라 빈칸을 완성해 보세요.

보기 • something • which • who	that을 주로 쓰는 경우	선행사가 the 최상급, the 서수, ①_____, anything 일 때 예) This is the best movie that I've ever seen. (이것은 내가 본 영화 중 최고의 영화이다.)
	that을 쓰면 안 되는 경우	1. 쉼표 + that (X) 예) Tom, ②_____ is studying in Canada, sent me this card. (톰은 캐나다에서 공부하고 있는데, 나에게 이 카드를 보냈다.)
		2. 전치사 + that (X) 예) The hotel room in ③_____ we stayed was very clean. (우리가 머물렀던 호텔방은 매우 깨끗했다.)

정답 ① something ② who ③ which

문법 Talk

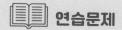

Unit 31.

매일 10문장

[1-4] 다음 보기에서 알맞은 말을 골라 쓰세요.

> 보기   something | the best song | the first book | the most interesting movie

1. This is _____ that I've ever seen.

2. I need _____ that I can cook soup with.

3. This is _____ that I've ever heard.

4. That is _____ that she wrote.

[5-10] 다음 밑줄 친 관계대명사 대신에 that을 써도 되면 O, 안 되면 X를 쓰세요.

5. The park in <u>which</u> we had a picnic was really nice.   _____

6. He is the student <u>who</u> often asks me good questions.   _____

7. Noah, <u>who</u> often plays soccer, hurt his leg.   _____

8. I went to Sokcho beach, <u>which</u> was very quiet.   _____

9. The computer <u>which</u> I bought last month is not working.   _____

10. This is the box in <u>which</u> he keeps his toys.   _____

[단어] 7. **hurt** 다치다 8. **quiet** 조용한 9. **work** 작동하다   10. **keep** 보관하다

Unit 30 복습 TEST

[복습] 다음 우리말에 일치하도록 빈칸에 who 또는 , who를 쓰세요.

1. 나는 미아를 만났는데, (미아는) 다음 주에 시험을 볼 것이다.

   I met Mia _____ is going to take the exam next week.

2. 나는 춤을 정말 잘 추는 그 소년을 안다.

   I know the boy _____ dances really well.

3. 저 사람이 우리에게 그 이야기를 해준 남자이다.

   That's the man _____ told us the story.

237

1. 관계대명사 what의 쓰임

마지막 **관계대명사 what**을 소개할게요.

what하면 의문사 what부터 생각나죠?
하지만 관계대명사로 **'~하는 것'**이란 뜻으로도 써요.

관계대명사 **what**은 the thing which/that을
한 마디로 바꿔 쓸 수 있는 표현이에요.

what (~하는 것)

the thing which

the thing that

예문으로 확인해 볼게요.

Jack opened the thing that you gave me.

(잭은 네가 나에게 준 그것을 열었다.)

the thing that을 what으로 바꿔 쓸 수 있어요.

Jack opened **the thing that** you gave me.

Jack opened **what** you gave me.

(잭은 열었다 / 네가 나에게 준 것을)

잭은 네가 나에게 준 것을 열었다.

what은 '~하는 것'이라고 해석합니다.

또 다른 예문을 볼게요.

This is the thing which she likes. (이것은 그녀가 좋아하는 그것이다.)

This is what she likes. (이것은 그녀가 좋아하는 것이다.)

the thing which를 한 마디로 what이라고 썼어요.

Quiz 1

다음 빈칸에 알맞은 말을 쓰세요.

The thing that worries me is the high cost.

= _____ **worries me is the high cost.**

The thing that 대신에 한 마디로 what으로 쓰면 됩니다.

정답 What

관계대명사 that과 what은 무엇이 다를까요?

관계대명사 that과 what은요. 선행사 필요 여부도 다르고 해석도 달라요.
하나씩 확인해 볼게요.

1. 선행사 필요 여부

the thing that을 한 마디로 what이라고 했죠?

that은 앞에 the thing과 같은 **선행사**가 꼭 필요하지만
what은 그 자체로 **선행사를 포함**하고 있으니 별도의 선행사가 필요하지 않아요.

난 선행사가 필요해!

선행사 (O) + that
선행사 (X) + what

내 안에 선행사가 있어.
그러니 또 필요 없어.

2. 해석의 차이

that은 **선행사**를 꾸미니 관계대명사절로
'**~하는**'이라고 해석하지만
what은 **선행사가 포함**되어 있으니 '**~하는 것**'이라고 해석합니다.

---

that: ~하는

what: ~하는 것

예문을 비교해볼게요.

> 어쩌지 ㅜㅜ
> 깜빡했어.

---

¹⁾ I forgot the thing that Mr. Taylor told me.

(나는 그것을 깜빡했다 / 테일러 씨가 나에게 말한)

²⁾ I forgot what Mr. Taylor told me.

(나는 깜빡했다 / 테일러 씨가 나에게 말한 것을)

---

1) **that**은 선행사 the thing과 같이 쓰고
'**~하는**'이라고 해석해요.

2) **what**은 선행사를 포함하고 있기 때문에
'**~하는 것**'이라고 해석해요.

그럼 문제를 풀어볼게요.

that과 what 중에 뭘 써야 할까요?

I lost the umbrella _____ you gave me.

① that   ② what

선행사를 확인해 볼게요.

선행사 the umbrella가 보이죠?

선행사와 같이 쓰는 것은 ① **that**입니다.

I lost the umbrella that you gave me.

(나는 네가 나한테 준 그 우산을 잃어버렸어.)

that you gave me가 the umbrella를 꾸미면서

'~하는'으로 해석됩니다.

Quiz 2

다음 빈칸에 알맞은 말을 고르세요.

This is _____ I made for my grandmother.

① that   ② what

문장에 선행사가 없어요. 따라서 선행사를 이미 포함하고 있는 what을 씁니다.
'이것은 내가 할머니를 위해 만든 것이다.'라는 뜻입니다.

정답 ②

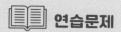
머리에 콕콕

Unit 32.

다음 <보기>에서 알맞은 말을 골라 빈칸을 완성해 보세요.

보기		that	what
• what • ~하는 • ~하는 것	뜻	①_____	②_____
	특징	선행사가 꼭 필요함 (선행사 + that)	선행사 필요 없음 (선행사 x + what)
	예	Jack opened the thing that you gave me. (잭은 네가 나에게 준 그것을 열었다.)	Jack opened ③_____ you gave me. (잭은 네가 나에게 준 것을 열었다.)

정답 ① ~하는 ② ~하는 것 ③ what

문법 Talk

Unit 32.

매일 10문장

[1-5] 다음 빈칸에 that 또는 what을 쓰세요.

1. I've forgotten the thing _____ you told me.

   = I've forgotten what you told me.

2. I like the thing that you made.

   = I like _____ you made.

3. I found the thing that I was looking for.

   = I found _____ I was looking for.

4. That's the thing _____ I borrowed from Tom.

   = That's what I borrowed from Tom.

5. He showed me the thing that he made.

   = He showed me _____ he made.

[6-10] 다음 중 어법상 알맞은 것을 고르세요.

6. The pasta (that / what) I ate was really good.

7. I couldn't believe (that / what) you said.

8. This is (that / what) I bought last week.

9. (That / What) I need to get is a new phone.

10. The house (that / what) they are building looks big.

[단어] 1. **forget** 잊다(forget - forgot - forgotten) 3. **look for** ~을 찾다 7. **believe** 믿다

Unit 31 복습 TEST

[복습] 다음 빈칸에 that 또는 which를 쓰세요.

1. 이것은 내가 들어 본 노래 중 최고의 노래이다. This is best song _____ I've ever heard.

2. 나는 속초 해변에 갔는데, 매우 조용했다. I went to Sokcho beach, _____ was very quiet.

3. 이것은 그가 장난감을 보관하는 상자이다. This is the box in _____ he keeps his toys.

Unit 33. 관계부사란?

1. 관계부사의 역할

지금까지 관계대명사에 대해서 공부했죠?

이번에는 관계부사에 대해서 살펴볼게요.

관계대명사가 대명사 역할을 하면서 두 문장의 관계를 이어주었다면

관계부사는 부사 역할을 하며 관계를 이어줍니다.

관계부사

1) 부사 역할   2) 관계를 이어주는 역할

예문을 보면서 관계부사의 개념을 잡아볼게요.

This is the library. I used to study here.

(이곳은 도서관이다. 나는 여기에서 공부하곤 했다.)

도서관을 소개하고 도서관에 대한 보충 설명을 하고 있어요.

이 두 문장을 한 문장으로 만들 수 있어요.

관계대명사 때 공부한 방법과 똑같이

3단계를 그대로 적용하면 됩니다.

관계부사 만드는 방법

1) 공통 대상 찾기

2) 중복 표현 삭제

3) 관계부사로 이어주기

---

1. 관계부사의 역할

1단계. **공통 대상**을 찾아볼게요.
here가 의미하는 곳이 the library이죠?

① **This is the library.** ② **I used to study here.**

the library

2단계로 중복 표현인 here를 지워버립니다.

① **This is the library.** ② **I used to study ~~here~~.**

삭제

마지막 3단계! 관계부사로 이어주면 되는데요.
here는 명사가 아니라 '여기에서'라는 뜻으로 **장소를 나타내는 부사**예요.
장소를 나타내는 부사를 대신해서 **관계부사 where**를 쓰고 두 문장을 연결해 줍니다.

난 부사 대신 쓰고
관계를 이어주는 역할

This is the library where I used to study.

해석은요?

이곳은 내가 공부하곤 했던 도서관이다.

where I used to study가 선행사 the library를 수식하죠?
'~하는'으로 해석하면 됩니다.

다음 두 문장을 한 문장을 만들어 볼게요.

I went to the shop. Tom works there.

(나는 그 가게로 갔다. 톰은 거기에서 일한다.)

3단계를 적용할게요.
1단계 **공통 대상**을 찾아봅시다.

① **I went to the shop.**   ② **Tom works there.**

the shop

there는 the shop을 지칭하고 있어요.

2단계로 **there를 삭제**합니다.

① **I went to the shop.**   ② **Tom works ~~there.~~**

3단계로 there '거기에서'라는 부사를 대신하며
두 문장을 이어주어야 하니 관계부사 **where**를 씁니다.

I went to the shop where Tom works.

(나는 그 가게에 갔다 / 톰이 일하는)
나는 톰이 일하는 그 가게로 갔다.

where Tom works가 the shop을 꾸미는 구조입니다.

2. 관계부사의 종류

부사란 장소, 시간, 방법, 이유 등을 설명하는 말이라고 했죠? [1권 Unit 24]
그래서 **관계부사**도 종류가 다양합니다.

관계부사 종류
where, when, why, how

이렇게 4가지가 있는데요.
각각 수식하는 선행사가 다릅니다.

선행사	예	관계부사
장소	the city, the place, the town 등	**where**
시간	the time, the day, the year 등	**when**
이유	the reason	**why**
방법	(the way)	**how**

선행사가 the city(도시), the place(장소), the town(동네) 등처럼
장소를 나타내면 **where**를 쓰고요.

선행사가 the time(시간), the day(날), the year(해) 같이
시간을 나타내면 **when**을 씁니다.

선행사가 the reason(이유)으로 **이유**를 나타내면
관계부사 **why**를 씁니다.

마지막으로 방법을 나타낼 때는 관계부사 **how**를 쓰는데요.
특이하게도 선행사 the way(방법)와 관계부사 how는
둘 중에 반드시 하나를 생략해야 합니다.

우리는 너무 똑같아서
같이 쓸 수 없어.

the way (how) (O)

(the way) how (O)

the way how (X)

248

예문을 볼게요.
빈칸에 어떤 관계부사를 쓰면 될까요?

I don't know the reason _____ he left early.

선행사가 the reason으로 이유를 나타내기 때문에
정답은 **why**가 됩니다.

I don't know the reason **why** he left early.
(나는 그가 일찍 떠난 이유를 모른다.)

다음 빈칸에 알맞은 관계부사를 쓰세요.

That is the day _____ she will take the test.

선행사가 the day로 시간을 나타내기 때문에
관계부사 when을 쓰면 됩니다.

That is the day **when** she will take the test.
(그날은 그녀가 시험을 볼 날이다.)

다음 중 바르게 쓴 문장을 <u>모두</u> 고르세요.

그것이 그가 말하는 법이다.

① **That's the way he talks.**

② **That's how he talks.**

③ **That's the way how he talks.**

선행사 the way와 관계부사 how는
둘 중에 하나가 반드시 생략되어야 한다고 했죠?

따라서 ①, ②는 올바른 문장입니다.
③은 the way와 how를 같이 썼으니 잘못된 문장이에요.

how 정말
특이해요.

그래서 시험
단골 문제로 나와~

Quiz 1

다음 빈칸에 알맞은 말을 고르세요.

This is _____ I cook noodles.

① how   ② the way how

the way how는 같이 쓰지 않고 둘 중에 하나만 쓸 수 있어요.
'이것이 내가 국수를 요리하는 방법이다.'라는 뜻입니다.

정답 ①

Q. 관계부사도 생략 가능한가요?

A. 네! 구어체에서는 관계부사 또는 선행사를 생략해서 말할 수 있어요.

선행사가 **the place, the time, the day, the reason** 등과 같이
일반적인 장소, 시간, 이유를 나타내는 경우
선행사 또는 관계대명사를 생략해도
의미상 혼동을 주지 않기 때문에 생략 가능합니다.

예를 들어,

1) **That's the reason (why) he visited you.**
2) **That's (the reason) why he visited you.**
(그것이 그가 너를 방문한 이유이다.)

1) 선행사가 the reason(이유)이죠? 당연히 뒤에는 이유를 설명하는 내용이 이어질 거라고
예측 가능하기 때문에 **why를 생략**했어요.
2) 선행사 the reason(이유)을 생략해도 why가 그 의미를 전달하기 때문에
the reason을 생략했어요.

또 다른 예문을 볼게요.

1) **I don't remember the day (when) I went to the party.**
2) **I don't remember (the day) when I went to the party.**
(나는 파티엔 간 날이 기억나지 않아.)

1) 선행사가 the day(날)로 뒤에 그날에 대한 설명이 예측되기 때문에
when을 생략해서 말했어요.
2) 선행사 the day(날)를 생략해도 when이 그 역할을 하기 때문에
the day를 생략했습니다.

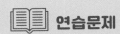 연습문제

머리에 콕콕

Unit 33.

다음 <보기>에서 알맞은 말을 골라 빈칸을 완성해 보세요.

보기
- where
- why
- when

선행사	선행사의 예	관계부사
장소	the city, the place, the town 등	①_____
시간	the time, the day, the year 등	②_____
이유	the reason	③_____
방법	(the way)	how

정답 ① where ② when ③ why

문법 Talk

📶 고딸영문법4 100% 🔋

엄마~ 관계부사가 뭐예요?

부사 역할을 하면서
두 문장을 이어주는 거야.

where, when, why, how
4가지가 있어.

아하!
선행사에 맞는 관계부사를 쓰면 되니
관계대명사보다는 간단해 보여요.

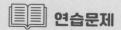
Unit 33.
매일 10문장

[1-4] 다음 빈칸에 알맞은 관계부사를 쓰세요.

1. That's the reason _____ she didn't come today.

2. This is the hospital _____ my mom was born.

3. I remember the day _____ I saw him.

4. 9 o'clock is the time _____ he usually goes to bed.

[5-8] 다음 <보기>에서 알맞은 말을 골라 빈칸을 완성하세요.

> 보기   the time | the library | the reason | the gym

5. I visited _____ where I used to study.

6. I remember _____ when I first learned to ride a bike.

7. I'll tell you _____ why I'm going to move.

8. _____ where he works out is near the post office.

[9-10] 다음 어법상 알맞은 말을 고르세요.

9. He told me (the way how / the way) he got the job.

10. I don't know (a way how / how) you do it.

[단어] 2. **hospital** 병원 3. **remember** 기억하다 5. **used to** ~하곤 했다 8. **work out** 운동하다 **post office** 우체국

Unit 32 복습 TEST

[복습] 다음 빈칸에 that 또는 what을 쓰세요.

1. 나는 네가 만든 것을 좋아한다.   I like the thing _____ you made.

2. 나는 내가 찾고 있던 것을 찾았다.   I found _____ I was looking for.

3. 그는 나에게 그가 만든 것을 보여줬다.   He showed me _____ he made.

1. 관계대명사 VS 관계부사

관계대명사와 관계부사의 공통점과 차이점은 무엇일까요?

관계대명사: 대명사 역할을 하며 관계를 이어줌

관계부사: 부사 역할을 하며 관계를 이어줌

둘 다 **두 문장의 관계를 이어주는 역할**을 하기 때문에 **관계사**라고 하는데요.

관계대명사는 명사/대명사를 대신해서 대명사 역할을 하고
관계부사는 부사를 대신한다는 차이점에 주목해야 합니다.

다음 빈칸에는 관계대명사와 관계부사 중 무엇을 써야할까요?

1) This is the bookstore. I like it.

2) This is the bookstore _____ I like.

① which   ② where

정답은? 관계대명사 ① which입니다.

왜 그럴까요?

1) 대명사 it 대신 들어가서 두 문장을 이어주는 것은 바로 **관계대명사**예요.

it 대신 씀

This is the bookstore which I like. (이곳은 내가 좋아하는 서점이다.)

다음 빈칸에 알맞은 말을 고르세요.

I visited the castle. *Harry Potter* was filmed there.

= I visited the castle _____ *Harry Potter* was filmed.

① that ② where

부사 there 대신 들어가서 관계를 이어주는 것은 관계부사입니다.
'나는 해리포터가 촬영된 성을 방문했다'라는 뜻입니다.

정답 ②

2. 관계대명사와 관계부사 고르는 문제

엄마, 시험에 자꾸 관계대명사, 관계부사 구분 문제가 나와요.

관계사 뒤에 무엇이 결핍되었는지 봐야 해.

관계대명사 vs 관계부사 구분 꿀팁
(대)명사가 결핍된 절이면? 관계대명사
완전한 문장이면? 관계부사

관계대명사는 명사/대명사를 대신해서 대명사 역할을 하니
관계대명사 다음에 **명사나 대명사가 결핍**되어 있고요.

관계부사는 부사를 대신해서 부사 역할을 하니 관계부사 다음에 **부사가 결핍**되어 있는데요.
부사는 문장에서 꾸미는 역할이라서 부사가 없어도
문법적으로는 **완전한 문장**이에요.

바로 문제에 적용해 볼게요.

This is the library _____ was built two years ago.

① which   ② where

정답은 뭘까요? 관계사절에 집중해 봅시다.

was built two years ago

결핍된 것이 있으면 관계대명사
완전한 문장이면 관계부사라고 했어요.

주어 없이 동사 칸에 수동태 was built가 있죠?
주어가 결핍되었으니
주어 역할을 하는 주격 관계대명사 ① which를 써야 합니다.

This is the library **which** was built two years ago.

(이곳은 2년 전에 지어진 도서관이다.)

아하~ 주어가 없으니
주격 관계대명사가
필요하군요~

맞아! 짝짝짝

또 다른 문제를 봅시다.

There is a coffee shop _____ you can have nice coffee and cake.

① which   ② where

답을 찾기 위해 관계사절을 확인해 볼게요.

you can have nice coffee and cake

주어: You / 동사: can have / 목적어: nice coffee and cake

결핍된 것이 없는 완전한 문장이에요.
따라서 **관계부사 ② where**를 쓰면 됩니다.

There is a coffee shop where you can have nice coffee and cake.
(맛있는 커피와 케이크를 먹을 수 있는 커피숍이 있다.)

완전한 문장이면!

관계부사!

2. 관계대명사와 관계부사 고르는 문제

한 문제 더 볼게요.

> ### This is the park _____ Mr. Brown made.
>
> ① that   ② where

이번에도 관계사가 이끄는 부분에 집중해 봅시다.

> ### Mr. Brown made

Mr. Brown made는 완전한 문장일까요? 아니요!
made(만들었다)는 타동사예요.
'무엇을'에 해당하는 **목적어가 필요**해요.
그래서 정답은? 목적격 관계대명사 ① **that**을 씁니다.

> ### This is the park that Mr. Brown made.
> (이곳은 브라운 씨가 만든 공원이다.)

Quiz 2

다음 빈칸에 알맞은 말을 고르세요.

I went to the beach _____ I first met her.

① which   ② where

빈칸의 관계사 다음에 완전한 문장으로 I first met her가 있기 때문에
관계부사 where를 씁니다.

정답 ②

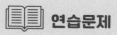 **연습문제**

Unit 34.

머리에 콕콕

다음 <보기>에서 알맞은 말을 골라 빈칸을 완성해 보세요.

보기		
• 관계대명사 • 부사	관계대명사	대명사 역할을 하며 두 문장의 관계를 이어주는 역할
	관계부사	①_____ 역할을 하며 두 문장의 관계를 이어주는 역할
	관계대명사와 관계부사 구분 방법	(대)명사가 결핍된 절 → ②_____
		완전한 문장 → 관계부사

정답 ① 부사 ② 관계대명사

문법 Talk

연습문제

매일 10문장 `Unit 34.`

[1-4] 다음 빈칸에 that 또는 where를 쓰세요.

1. I went to <u>the bookstore</u>. I lost my phone <u>there</u>.

   = I went to the bookstore _____ I lost my phone.

2. This is <u>the restaurant</u>. You can have nice seafood <u>here</u>.

   = This is the restaurant _____ you can have nice seafood.

3. I visited <u>the place</u>. My mom works <u>there</u>.

   = I visited the place _____ my mom works.

4. Let's go to <u>the shopping mall</u>. You like <u>it</u>.

   = Let's go to the shopping mall _____ you like.

[5-10] 다음 어법상 알맞은 말을 고르세요.

5. That's the day (which / when) they got married.

6. I'm going to the library (that / where) opens at 9.

7. That's the school (which / where) my brother is studying.

8. She opened a shop (which / where) sells flowers.

9. That's the café (which / where) I meet my friends.

10. Summer is the season (which / when) I go on a vacation.

[단어] 1. **bookstore** 서점 2. **restaurant** 식당 4. **shopping mall** 쇼핑몰 5. **get married** 결혼하다
10. **season** 계절 **go on a vacation** 휴가를 가다

[복습] 다음 빈칸에 알맞은 관계부사를 쓰세요.

1. 나는 그를 봤던 날을 기억한다.

   I remember the day _____ I saw him.

2. 나는 너에게 내가 이사를 가는 이유를 이야기 할 것이다.

   I will tell you the reason _____ I'm going to move.

3. 그는 나에게 그가 직장을 구한 방법을 알려줬다.

   He told me _____ he got the job.

Unit 35. 전치사 + 관계대명사

1. 전치사 + 관계대명사를 쓰는 경우

관계대명사와 관계부사를 계속 공부하다 보면
다음과 같이 관계대명사 앞에 **전치사가 있는 문장**을 보게 됩니다.

That is the house in which we live.
(저곳은 우리가 사는 집이야.)

왜 which 앞에 in이 붙어있을까요?

원리를 이해하기 위해서 두 문장을 한 문장으로 만드는 과정을 살펴볼게요.

That is the house. We live in it.
(저곳은 집이야. 우리는 그곳에 살아.)

공통 대상은 '집'에 대한 이야기이죠?

① **That is the house.**   ② **We live in it.**

the house

② it이 가리키는 대상은 the house이니까
it을 지우고
선행사가 사물일 때 쓰는 관계대명사 which로 연결해 볼게요.

it 대신 쓰고 관계대명사 which로 문장이 이어졌어요.

1) That is the house. We live in it.

2) That is the house which we live in.

2)의 문장이 전치사 in으로 끝나게 됩니다.

전치사로 끝나니까 뭔가 허전해 보이죠?
격식이 필요한 글에서는
전치사를 관계대명사 앞으로 이동시켜
<전치사 + 관계대명사>로 씁니다.

That is the house in which we live.

(저곳은 우리가 사는 집이다.)

그리고 여기에서 in which는 관계부사로 바꿀 수 있습니다.

관계부사로
바꾼다고요?

전치사구하고 부사가
성격이 비슷하거든.

그냥 외우지 말고 원리를 생각해 볼게요.

우리 문장 열차 배울 때 **수식어**는
부사와 **전치사구**라고 공부했죠?

우리는 문장을
예쁘게 꾸며요!

= 부사
= 전치사구

in which <전치사 + 관계대명사>는 수식어로
성격이 유사한 **관계부사**로 바꿔 쓸 수 있습니다.

그럼 빈칸에 어떤 관계부사를 쓸 수 있을까요?

That is the house in which we live.
That is the house _____ we live.

바로 선행사 the house가 장소를 나타내기 때문에
where를 씁니다.

That is the house where we live.
(저곳은 우리가 사는 집이다.)

참고로, 일상 생활에서는 <전치사 + 관계대명사>보다
관계부사를 훨씬 더 많이 써요.

그럼 한 눈에 예문을 정리해볼게요.

---

1) **That is the house which we live in.**

2) **That is the house in which we live.**

3) **That is the house where we live.**

셋 다 모두 올바른 문장이에요.

1)은 관계대명사 which를 쓰고 전치사 in은 끝에 그대로 뒀어요.

2)는 in을 관계대명사 앞으로 가져와서 <전치사 + 관계대명사> 형태로 썼어요.

3)은 관계부사 where를 썼습니다.

여기서 주의할 점!

---

2) **That is the house in that we live.** (✕)

---

in which 대신에 in that을 쓰면 안된다는 것을 기억하세요. [4권 Unit 31]

그럼 문제에 적용해 볼게요.

March 15th is the day.
He is going to open his shop on that day.

1) **March 15th is the day on _____ he is going to open his shop.**

2) **March 15th is the day _____ he is going to open his shop.**

(3월 15일은 그가 개업하는 날이다.)

빈칸에는 어떤 말을 쓰면 될까요?

March 15th is the day.
He is going to open his shop on that day.

= **March 15th is the day which he is going to open his shop on.**

the day와 that day가 중복되는 표현이니
on이 맨 끝에 남게 되었죠?

on을 which 앞으로 이동해서
<전치사 + 관계대명사>형태로 만들어줍니다.

1) March 15th is the day on which he is going to open his shop.

on which는 관계부사로 바꿀 수 있다고 했죠?
선행사가 the day로 시간을 나타내니 **when**을 쓸 수 있어요.

2) March 15th is the day when he is going to open his shop.

그럼 퀴즈를 풀어볼게요.

Busan is the city in _____ I spent my summer vacation.

① which   ② where

in에 주목하세요.
<전치사 + 관계대명사>로 쓰기 때문에 ① **which**가 정답입니다.

Busan is the city in which I spent my summer vacation.

(부산은 내가 여름 휴가를 보낸 곳이다.)

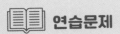
Unit 35.

머리에 콕콕

다음 <보기>에서 알맞은 말을 골라 빈칸을 완성해 보세요.

보기		
• where • in	관계대명사	That is the house which we live in. (저곳은 우리가 사는 집이다.)
	전치사 + 관계대명사	That is the house ①_____ which we live.
	관계부사	That is the house ②_____ we live.

정답 ① in ② where

문법 Talk

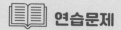
매일 10문장

Unit 35.

[1-3] 다음 <보기>에서 알맞은 표현을 골라 빈칸을 완성하세요.

> 보기   at | where | which

1. This is the place _____ he works at.

2. This is the place _____ which he works.

3. This is the place _____ he works.

[4-10] 다음 어법상 알맞은 말을 고르세요.

4. This is the university at (which / where) she's studying.

5. I remember the time (which / when) I met her.

6. That's the reason (which / why) I don't drive.

7. Thursday is the day on (which / when) we will go swimming.

8. That's the restaurant (which / where) we used to go to.

9. There is the park (which / where) you can ride your bike safely.

10. I like the hotel (which / where) we stayed at.

[단어] 8. **used to** ~하곤 했다 9. **safely** 안전하게 10. **stay** 머무르다

[복습] 다음 빈칸에 that 또는 where를 쓰세요.

1. 나는 9시에 여는 도서관에 갈 것이다.

   I'm going to the library _____ opens at 9.

2. 저곳은 내가 나의 친구들을 만나는 카페이다.

   That's the café _____ I meet my friends.

3. 나는 나의 폰을 잃어버린 서점으로 갔다.

   I went to the bookstore _____ I lost my phone.

Unit 34 복습 TEST

A. 다음 문제를 풀어 보세요.

[1-3] 다음 중 빈칸에 들어갈 수 있는 것을 고르세요.

1

> John, _____ works at the bank,
> will come to the party.

① who　　　② which

③ that　　　④ whose

2

> The hotel room in _____
> I stayed was not clean.

① who　　　② which

③ that　　　④ whose

3

> The is the best novel _____
> I've ever read.

① who　　　② which

③ that　　　④ whose

4 다음 중 빈칸에 that을 쓸 수 <u>없는</u> 것을 고르세요.

① I found the key _____ you lost.

② There is a swimming pool _____
　has big slides.

③ Luke, _____ lives in Brazil,
　will visit us this winter.

④ The clock _____ you bought
　yesterday isn't working.

5 다음 두 문장이 같은 뜻이 되도록 알맞은 것을 고르세요.

> She showed me the thing that she made.
> = She showed me _____ she made.

① who　　　② which

③ that　　　④ what

[6-8] 다음 <보기>에서 알맞은 말을 골라 빈칸을 완성하세요.

> <보기>　where　which　what

6 This is _____ I bought for you.

7 That's the house in _____ they live.

8 I know a place _____ you can use
computers for free.

[9-10] 다음 빈칸에 알맞은 관계부사를 쓰세요.

9 That's the shop _____ I
bought the flowers.

10 That's the reason _____ I left early
this morning.

B. 다음 두 문장이 같은 뜻이 되도록 빈칸을 완성하세요.

1 This is the hospital. I was born here.

= This is the hospital _____ I was born.

2 I went to the bookstore. My mom works there.

= I went to the bookstore _____ my mom works.

3 Friday is the day. My aunt will come then.

= Friday is the day _____ my aunt will come.

4 March 3rd is the day. My school starts on the day.

= March 3rd is the day on _____ my school starts.

5 That's the bridge. It was built 50 years ago.

= That's the bridge _____ was built 50 years ago.

C. 다음 어법상 알맞은 말을 고르세요.

1 리암은 종종 농구를 하는데, 그의 팔을 다쳤다.

Liam, (who / that) often plays basketball, hurt his arm.

2 나는 그가 말한 것을 믿을 수 없었다.

I couldn't believe (that / what) he said.

3 이곳은 아름다운 나무가 많은 공원이다.

This is the park (that / what) has many beautiful trees.

4 서울은 나의 부모님이 사시는 도시이다.

Seoul is the city in (which / where) my parents live.

5 나는 그가 대학을 졸업한 연도를 잊어버렸다.

I forgot the year (which / when) he graduated from the university.

Unit 1. to부정사란? 017쪽

1. to help   2. to cook   3. to travel
4. to close   5. to plant   6. walked
7. to build   8. goes   9. to eat   10. to be

Unit 2. to부정사의 명사적 용법 1 026쪽

1. It, to sleep well   2. It, to go there alone
3. It, to find the answers   4. It, to   5. It, to
6. It, to   7. It is good to work with other people.
8. It isn't easy to save money.
9. It is rude to say that.
10. It is healthy to eat vegetables.

[Unit 1 복습 TEST]   1. to   2. to   3. to

Unit 3. to부정사의 명사적 용법 2 032쪽

1. to take pictures   2. to teach yoga
3. to talk to you   4. 주격 보어   5. 주격 보어
6. 목적격 보어   7. 목적격 보어
8. He decided to quit his job.
9. My dream is to be an actress.
10. Ben doesn't want to buy that desk.

[Unit 2 복습 TEST]   1. It, to   2. It, to   3. It, to

Unit 4. to부정사의 형용사적 & 부사적 용법 041쪽

1. time   2. a way   3. anything
4. lucky   5. ready   6. glad
7. 나는 나를 도와줄 친구가 조금 필요하다.
8. 이 자켓은 세탁하기에 어렵다.
9. 나는 마실 것을 원한다.
10. 나는 쇼핑할 좋은 장소를 발견했다.

[Unit 3 복습 TEST]

1. She began to teach yoga.
2. He asked me to wash the dishes.
3. My advice is to go by train.

Unit 5. to부정사의 부사적 용법 050쪽

1. to ask   2. to buy   3. to take
4. 나는 잠에서 깨고 나서 나의 고양이가
책상 위에 있는 것을 보았다.
5. 나는 빵을 굽기 위해서 밀가루를 샀다.
6. 개는 공을 잡기 위해서 뛰어올랐다.
7. 나의 할머니는 90세까지 사셨다.
8. 그는 그의 지갑을 찾기 위해서 학교로 되돌아 갔다.
9. 그녀는 자라서 교사가 되었다.
10. 나는 너에게 사실을 말하기 위해 이 이메일을
쓰는 중이다.

[Unit 4 복습 TEST]
1. to rest   2. to know   3. to drink

Unit 6. to부정사 Q&A 및 용법 총정리 060쪽

1. I'll try not to be late.
2. I decided not to go to America.
3. I don't know what to eat for lunch.
4. She told me where to go.
5. The blanket is too dirty to use.
6. The sweater is too old to wear.
7. [명사]   8. [형용사]   9. [부사]   10. [명사]

[Unit 5 복습 TEST]
1. She left early in order to take the train.
2. She grew up to be a teacher.
3. I bought flour to bake bread.

Unit 7. 종합 TEST 061쪽

A. 1. ② 2. ① 3. ① 4. ③ 5. ② 6. ④
  7. to 8. too, to 9. not to 10. where to

B. 1. She loves to eat chocolate.
  2. My dream is to be a doctor.
  3. I'm sad to hear the news.
  4. We are ready to leave.
  5. I went to Seoul to see the concert.

C. 1. 나는 사진 찍는 것을 좋아한다. [명사]
  2. 나는 할 일이 많이 있다. [형용사]
  3. 이 책은 이해하기에 어렵다. [부사]
  4. 나는 공을 잡기 위해 뛰어올랐다. [부사]
  5. 그는 자라서 교사가 되었다. [부사]

Unit 8. 동명사란? 070쪽

1. 나는 TV 보는 것을 좋아한다.
2. 일찍 일어나는 것은 쉽지 않다.
3. 나의 취미는 테니스 치는 것이다.
4. 목적어 5. 목적어 6. 주어 7. 주격 보어
8. washing 9. work 10. Flying

[Unit 6 복습 TEST]
1. not to 2. where to 3. too, to

Unit 9. to부정사를 목적어로 취하는 동사 077쪽

1. to study 2. to join 3. to see
4. to get 5. to buy 6. to come
7. I want to make more friends.
8. He pretended to be a student.
9. I agreed to help him.
10. She planned to plant a lime tree.

[Unit 8 복습 TEST]
1. watching 2. Getting 3. cycling

Unit 10. 동명사를 목적어로 취하는 동사 083쪽

1. talking 2. stealing 3. making
4. taking 5. to be 6. to study 7. closing
8. She delayed calling him.
9. We practiced singing together.
10. I avoid eating fast food.

[Unit 9 복습 TEST]
1. I want to study English.
2. I failed to get the job.
3. They promised to come back early.

Unit 11. to부정사와 동명사를 목적어로 취하는 동사
093쪽

1. to pack 2. to have 3. to find 4. to send
5. going 6. visiting 7. riding 8. reading
9. to work 10. to travel

[Unit 10 복습 TEST]
1. I enjoyed talking to you.
2. Jenny kept making mistakes.
3. Peter wants to be a vet.

Unit 12. 동명사 관용표현 102쪽

1. being 2. having 3. waiting 4. going
5. 그녀는 축구를 잘 한다.
6. 나는 영국에 사는데 익숙하다.
7. 나는 부산에서 여행하면서 나의 휴가를 보낼 것이다.
8. He is busy cooking dinner.
9. I'll go jogging.
10. I look forward to hearing from you.

[Unit 11 복습 TEST]
1. I forgot to send this file.
2. He stopped riding a motorbike.
3. He started reading the novel.

Unit 13. 종합 TEST 103쪽

A. **1.** ② **2.** ④ **3.** ③ **4.** ② **5.** ④ **6.** ③
7. shopping **8.** playing
9. studying **10.** hearing

B. **1.** to come **2.** closing
3. to call **4.** eating **5.** going

C. **1.** X, to join **2.** O **3.** X, singing
4. O **5.** O

Unit 14. 분사란? 113쪽

1. listening **2.** fixed **3.** caught **4.** watched
5. working **6.** arrived **7.** helping
8. reading **9.** delivered **10.** made

[Unit 12 복습 TEST]
1. about **2.** good **3.** used

Unit 15. 분사의 형용사 역할 1: 분사 + 명사 121쪽

1. damaged **2.** singing **3.** broken
4. smiling **5.** stolen **6.** developed
7. fallen **8.** burning **9.** boiling **10.** used

[Unit 14 복습 TEST]
1. arrived **2.** reading **3.** made

Unit 16. 분사의 형용사 역할 2: 명사 + 분사 128쪽

1. a car **2.** a cat **3.** the man **4.** talking
5. holding **6.** taken **7.** written **8.** sitting
9. made **10.** wearing

[Unit 15 복습 TEST]
1. singing **2.** broken **3.** used

Unit 17. 분사의 형용사 역할 3: 감정 표현 134쪽

1. surprised **2.** boring **3.** interesting
4. satisfying **5.** moved **6.** excited
7. disappointing **8.** interesting
9. pleased **10.** amazing

[Unit 16 복습 TEST]
1. sleeping **2.** taken **3.** wearing

Unit 18. 현재분사와 동명사의 차이점 140쪽

1. 지금 눈이 내리는 중이다. [현재분사]
2. 나는 춤추는 것을 좋아한다. [동명사]
3. 그는 테니스를 치고 있는 중이다. [현재분사]
4. 우리는 저녁을 먹고 있는 중이다. [현재분사]
5. 나의 나쁜 습관은 늦게 일어나는 것이다. [동명사]
6. 걷는 것은 좋은 운동이다. [동명사]
7. 내가 가장 좋아하는 취미는 그림 그리는 것이다. [동명사]
8. 자고 있는 개를 봐! [현재분사]
9. 나는 운동화 한 켤레를 샀다. [동명사]
10. 그들은 수영장에 갔다. [동명사]

[Unit 17 복습 TEST]
1. boring **2.** satisfying **3.** moved

Unit 19. 부사절과 분사구문 149쪽

1. When she called me,
2. because I was sick   3. before I sleep
4. Studying   5. Failing   6. Having   7. Feeling
8. Wearing   9. Sitting   10. Arriving

[Unit 18 복습 TEST]
1. playing   2. getting   3. running

Unit 20. 분사구문 해석과 구조 155쪽

1. 집으로 걸어가면서, 그녀는 돌에 걸려서 넘어졌다.
2. 아이스크림을 먹으면서, 그는 행복하게 걸어갔다.
3. 직장에 가기 전에, 나는 아침을 먹었다.
4. 고기를 썰면서, 나는 손가락을 베었다.
5. ride   6. Holding   7. waiting   8. finished
9. Arriving   10. graduated

[Unit 19 복습 TEST]
1. Studying   2. Failing   3. Feeling

Unit 21. 종합 TEST 156쪽

A. 1. ②   2. used   3. caught
    4. made   5. ③   6. ③   7. ②
    8. ③   9. Feeling   10. going

B. 1. baked   2. doing   3. broken
    4. holding   5. taken   6. written
    7. disappointing   8. studied
    9. Having   10. going

Unit 22. 관계대명사 169쪽

1. 저 사람은 나를 도와준 남자이다.
2. 나는 나에게 거짓말을 한 소년을 좋아하지 않는다.
3. 나는 노래를 정말 잘 부르는 한 소녀를 보았다.
4. 이 애가 경주에서 이긴 학생이다.
5. 춤추고 있는 아이들을 봐.
6. who can teach you English
7. who painted this picture
8. who studies plants
9. who repaired my car
10. who works at the airport

[Unit 20 복습 TEST]
1. Holding   2. waiting   3. ride

Unit 23. 관계대명사의 종류 1 (who) 179쪽

1. who I taught last year
2. who I saw yesterday at the library
3. whose house is huge
4. who Emma likes   5. who has five cats
6. whose mom is a pianist
7. who lives in New Zealand
8. whose car was stolen
9. who loves to dance
10. who I met at the bookstore

[Unit 22 복습 TEST]
1. who helped me   2. who sings well
3. who are dancing

Unit 24. 관계대명사의 종류 2 (which) 187쪽

1. which   2. who   3. which   4. who
5. which   6. whose   7. which   8. who
9. which   10. whose

[Unit 23 복습 TEST]
1. whose   2. who   3. who

Unit 25. 주어에 선행사가 있는 경우 195쪽

1. which you made **2.** who I met yesterday
3. who lives next to me
4. which I bought this morning
5. which I read last night **6.** which I ate
7. who I saw on TV **8.** which I'm using
9. which I bought yesterday
10. which she has

[Unit 24 복습 TEST]
1. which **2.** who **3.** which

Unit 26. 관계대명사 격과 관계대명사 that 204쪽

1. [주격] **2.** [주격] **3.** [소유격] **4.** [목적격]
5. [목적격] **6.** X **7.** O **8.** O **9.** X **10.** O

[Unit 25 복습 TEST]
1. 네가 만든 스웨터는 정말 부드럽다.
2. 내가 오늘 아침에 산 우유는 안 좋은 냄새가 난다.
3. 내가 이용하는 노트북은 매우 무겁다.

Unit 27. 관계대명사 문장 체크리스트 213쪽

1. a **2.** a **3.** a **4.** b **5.** a **6.** is
7. lives **8.** has **9.** are **10.** sells

[Unit 26 복습 TEST]
1. that I had
2. that is good at playing soccer
3. that I picked

Unit 28. 관계대명사의 생략 219쪽

1. X **2.** O **3.** O **4.** X **5.** O
6. The woman I met at the party is a doctor.
7. The movie I watched was very boring.
8. I saw some birds sitting on top of the house.
9. The class I'm taking is about science.
10. Look at the children riding the seesaw.

[Unit 27 복습 TEST]
1. sister **2.** has **3.** are

Unit 29. 종합 TEST 220쪽

A. **1.** ② **2.** ③ **3.** whose **4.** which
   5. who **6.** ④ **7.** ② **8.** ③
   9. The shirt I'm wearing is new.
   10. I saw the boys dancing together.

B. **1.** She chose a book whose cover is very
      colorful.
   2. I opened the box which/that arrived
      yesterday.
   3. I have a friend who/that loves to dance.
   4. The woman who/that lives next to me
      has two cats.
   5. The scarf which/that you made is
      really nice.

C. **1.** who **2.** which **3.** that
   4. that **5.** whose

Unit 30. 관계대명사 계속적 용법과 제한적 용법 231쪽

1. [계속적]   2. [제한적]   3. [제한적]
4. [계속적]   5. [계속적]
6. (쉼표 있음), who   7. (쉼표 없음) who
8. (쉼표 있음), which   9. (쉼표 있음), who
10. (쉼표 없음) who

[Unit 28 복습 TEST]

1. I made last night   2. I watched
3. riding the seesaw

Unit 31. 관계대명사 that의 주의 사항 237쪽

1. the most interesting movie
2. something   3. the best song
4. the first book   5. X   6. O   7. X
8. X   9. O   10. X

[Unit 30 복습 TEST]

1. , who   2. who   3. who

Unit 32. 관계대명사 what 244쪽

1. that   2. what   3. what   4. that   5. what
6. that   7. what   8. what   9. What   10. that

[Unit 31 복습 TEST]

1. that   2. which   3. which

Unit 33. 관계부사란? 253쪽

1. why   2. where   3. when   4. when
5. the library   6. the time   7. the reason
8. The gym   9. the way   10. how

[Unit 32 복습 TEST]

1. that   2. what   3. what

Unit 34. 관계대명사와 관계부사의 차이점 260쪽

1. where   2. where   3. where   4. that
5. when   6. that   7. where   8. which
9. where   10. when

[Unit 33 복습 TEST]

1. when   2. why   3. how

Unit 35. 전치사 + 관계대명사 267쪽

1. which   2. at   3. where   4. which
5. when   6. why   7. which   8. which
9. where   10. which

[Unit 34 복습 TEST]

1. that   2. where   3. where

Unit 36. 종합 TEST 268쪽

A. 1. ①   2. ②   3. ③   4. ③   5. ④
    6. what   7. which   8. where
    9. where   10. why

B. 1. where   2. where   3. when
    4. which   5. which/that

C. 1. who   2. what   3. that
    4. which   5. when

고딸영문법
4 to부정사부터 관계대명사까지 완성

지은이 **고딸 임한결**
그린이 **조한샘**
영문검수 **Scott Wear**
편집 **박수진**
펴낸 곳 **그라퍼**

<u>Thanks to</u>
4권 시리즈를 완성하기까지 애써주신 조한샘 디자이너님
예쁜 책 만들어주셔서 정말 감사합니다.

매의 눈으로 꼼꼼하게 검수해 주고 책의 완성도를 높여준 수진 언니
진심으로 고마워.

혼자였으면 엄두도 못 냈을 일을
추진해 준 그라퍼 사장님 감사합니다.

늘 응원해 주시는 우리 엄마, 아빠 감사해요. 사랑해요.

나의 육아 동지 꿀이오빠와
건강하게 무럭무럭 잘 커 준 우리 스텔라 사랑해.

1판 1쇄 그라퍼 2023년 10월 16일
1판 2쇄 그라퍼 2024년 10월 16일
979-11-976520-5-9(04700)
979-11-976520-2-8 (세트)

grapher   고딸영어

🏠 grapherstudio.com   🏠 blog.naver.com/84hahahoho
✉ garsimiro@gmail.com   📷 @goddal_english
📷 @grapher.official   ▶ www.youtube.com/c/goddalenglish